Cours de Culture

ET

De Naturalisation des Végétaux,

Par André Thoüin,

MEMBRE DE L'INSTITUT, PROFESSEUR DE CULTURE AU MUSÉUM D'HISTOIRE NATURELLE, ETC.;

Publié par Oscar Leclerc,

Son Neveu et son Aide au Jardin du Roi,

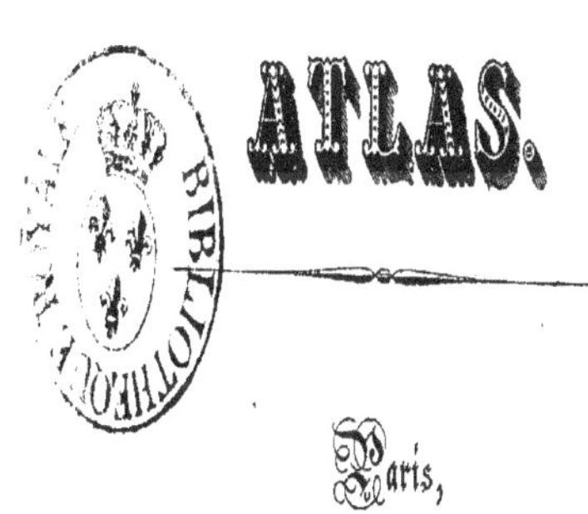

ATLAS.

Paris,

Madame Huzard (née Vallat la Chapelle), Libraire, rue de l'Eperon Saint-André, n° 7;

Deterville, Libraire, rue Hautefeuille, n° 8.

1827.

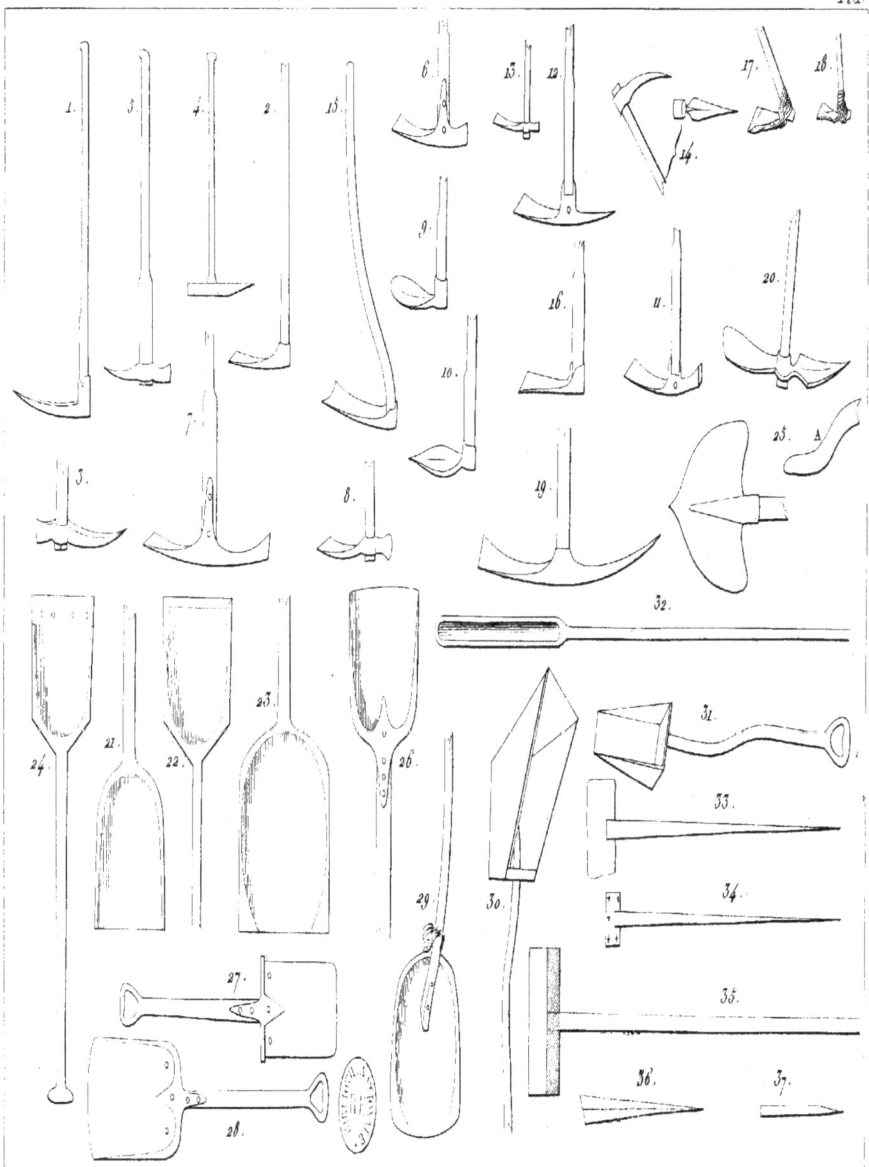

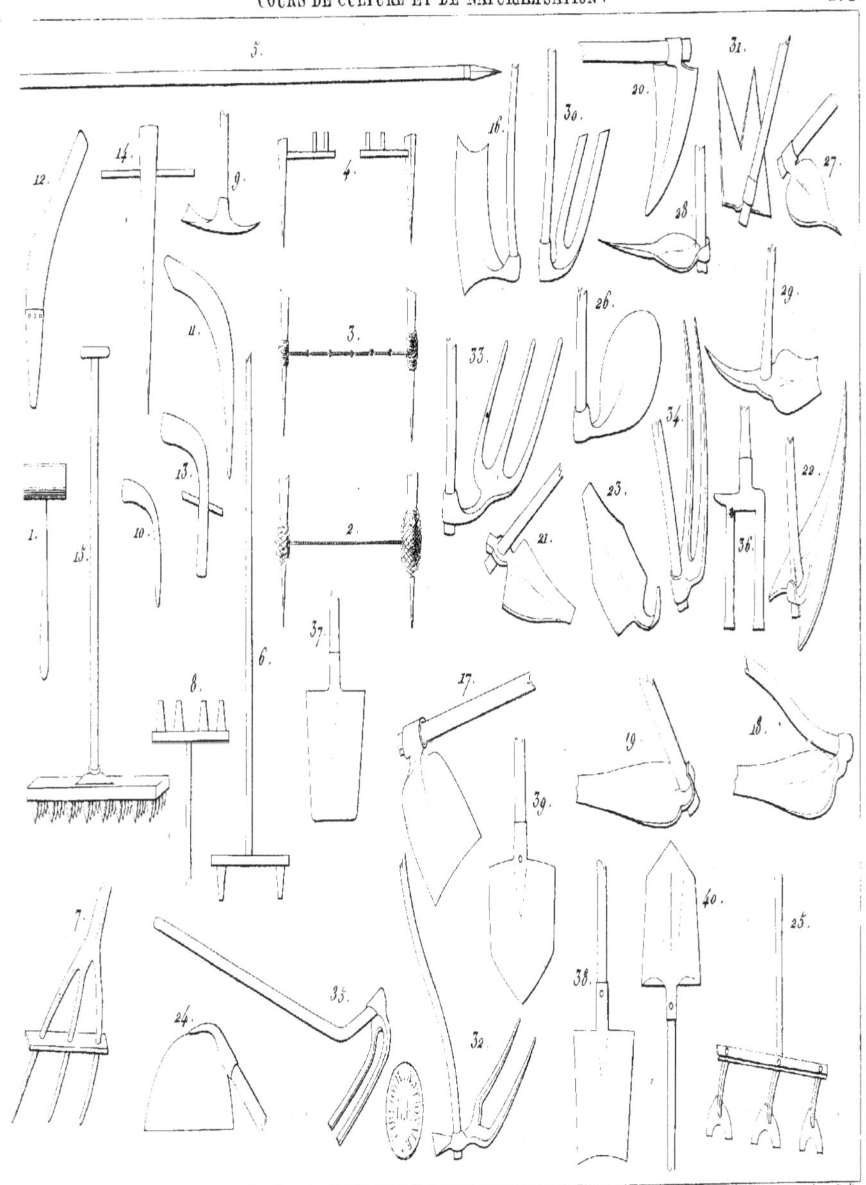

Gravé par Ambroise Tardieu.

Pl. 3.

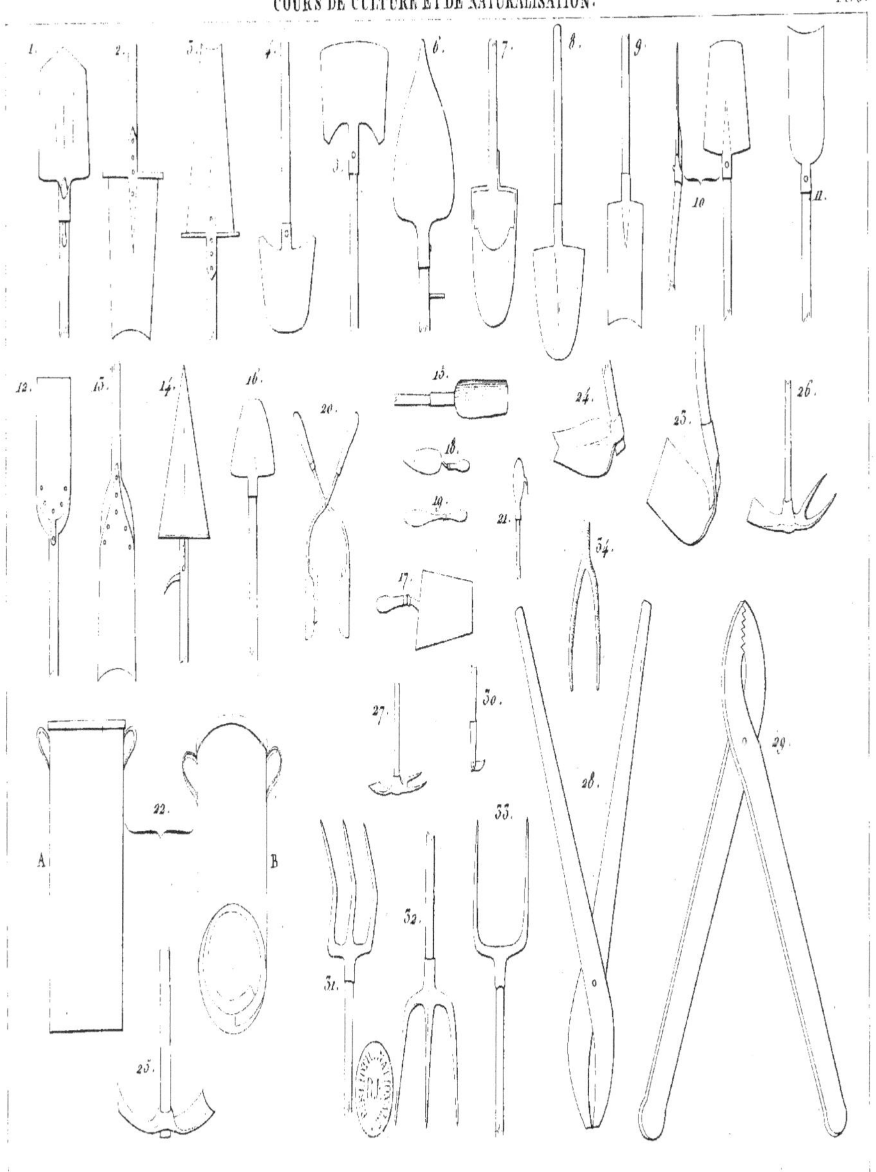

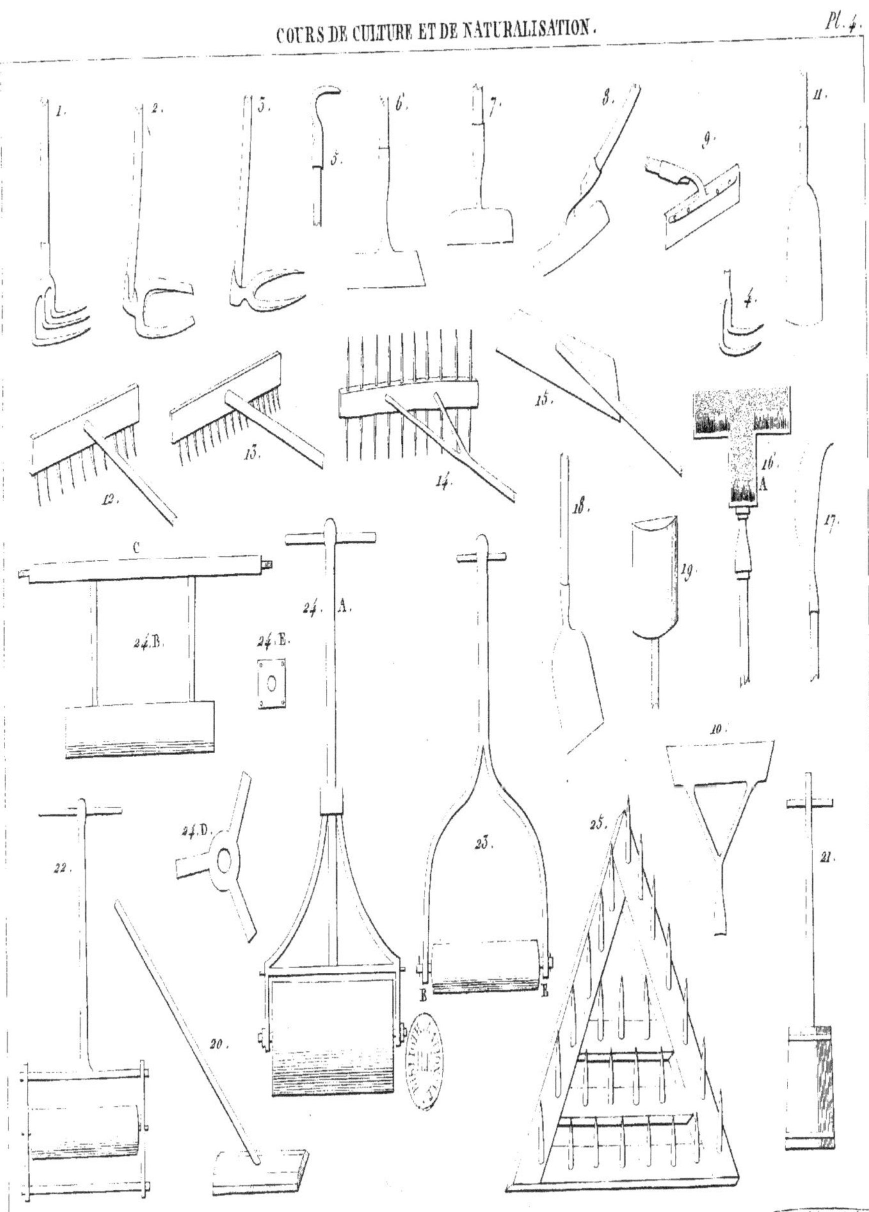

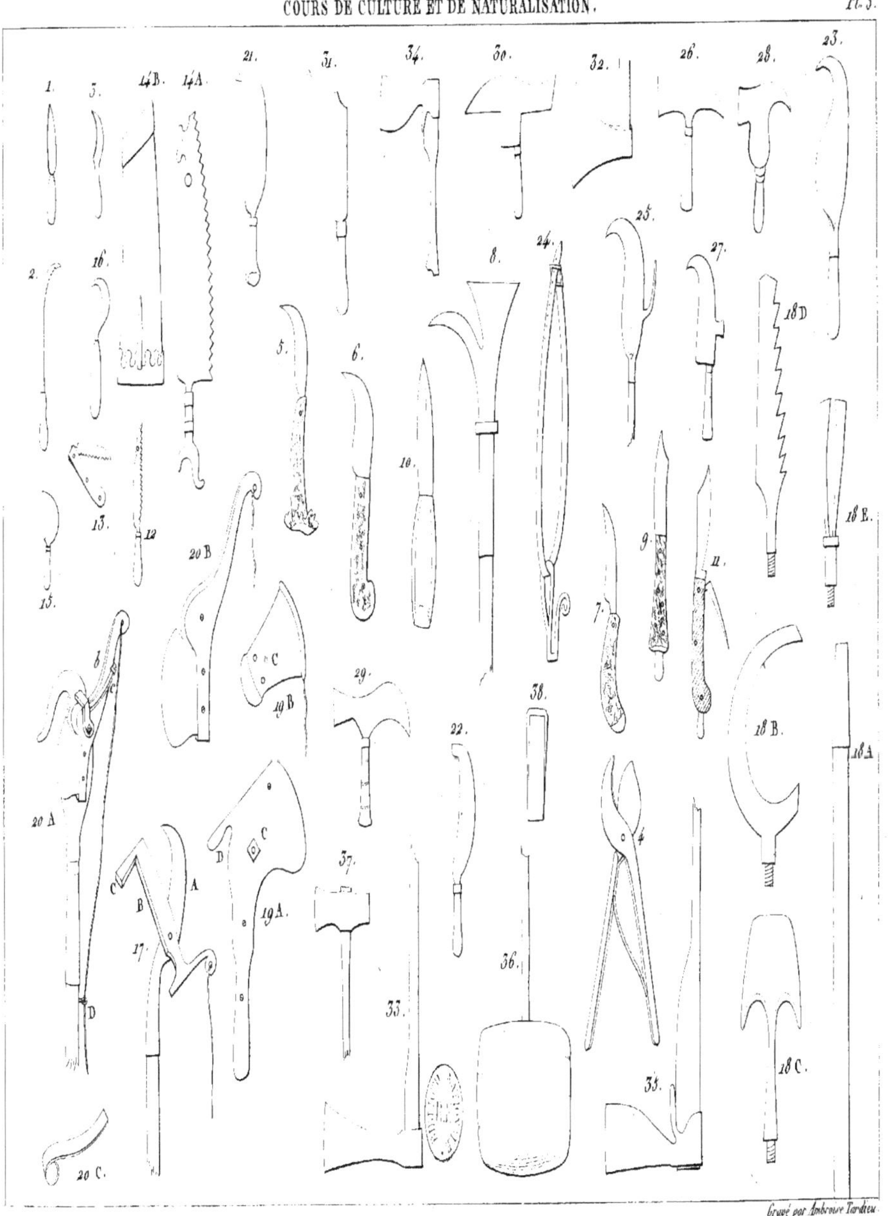

1.
3.
14 B. 14 A.
21.
31.
34.
30.
32.
26.
28.
23.
2.
16.
25.
27.
18 D.
5.
6.
8.
24.
10.
9.
18 E.
13.
12.
20 B.
7.
11.
15.
29.
38.
22.
18 B.
18 A.
6.
19 B.
20 A.
C
D
C
A
B
37.
19 A.
17.
4.
36.
D
33.
35.
18 C.
20 C.

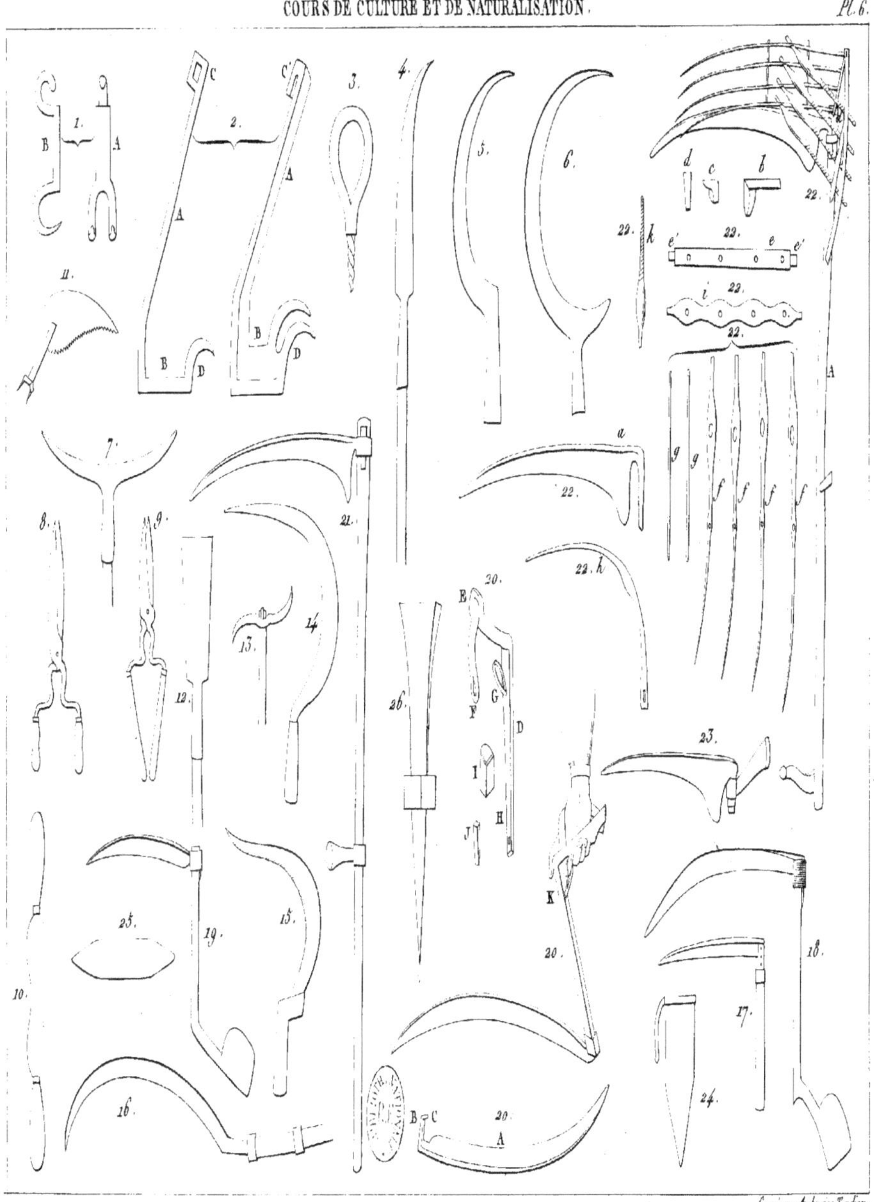

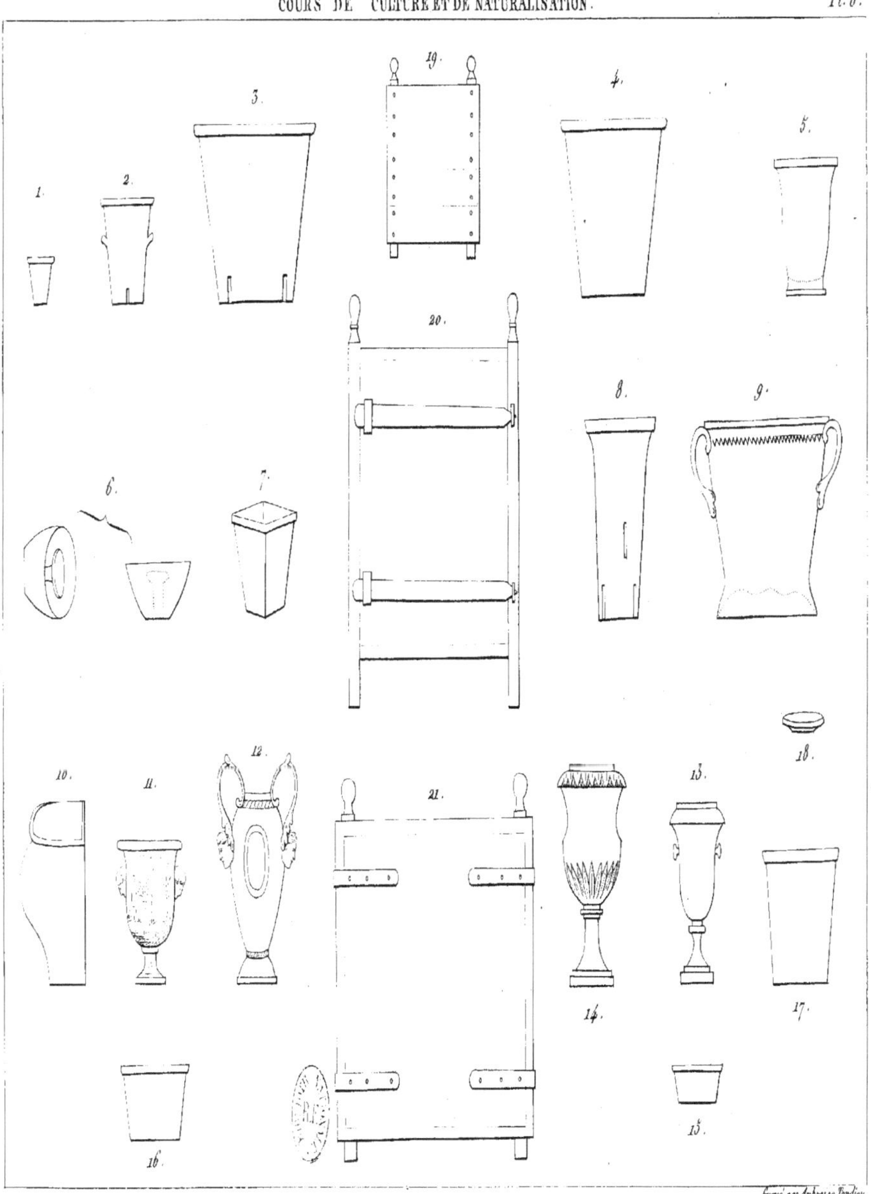
1.
2.
3.
19.
4.
5.
20.
6.
7.
8.
9.
10.
11.
12.
21.
13.
14.
18.
17.
16.
15.

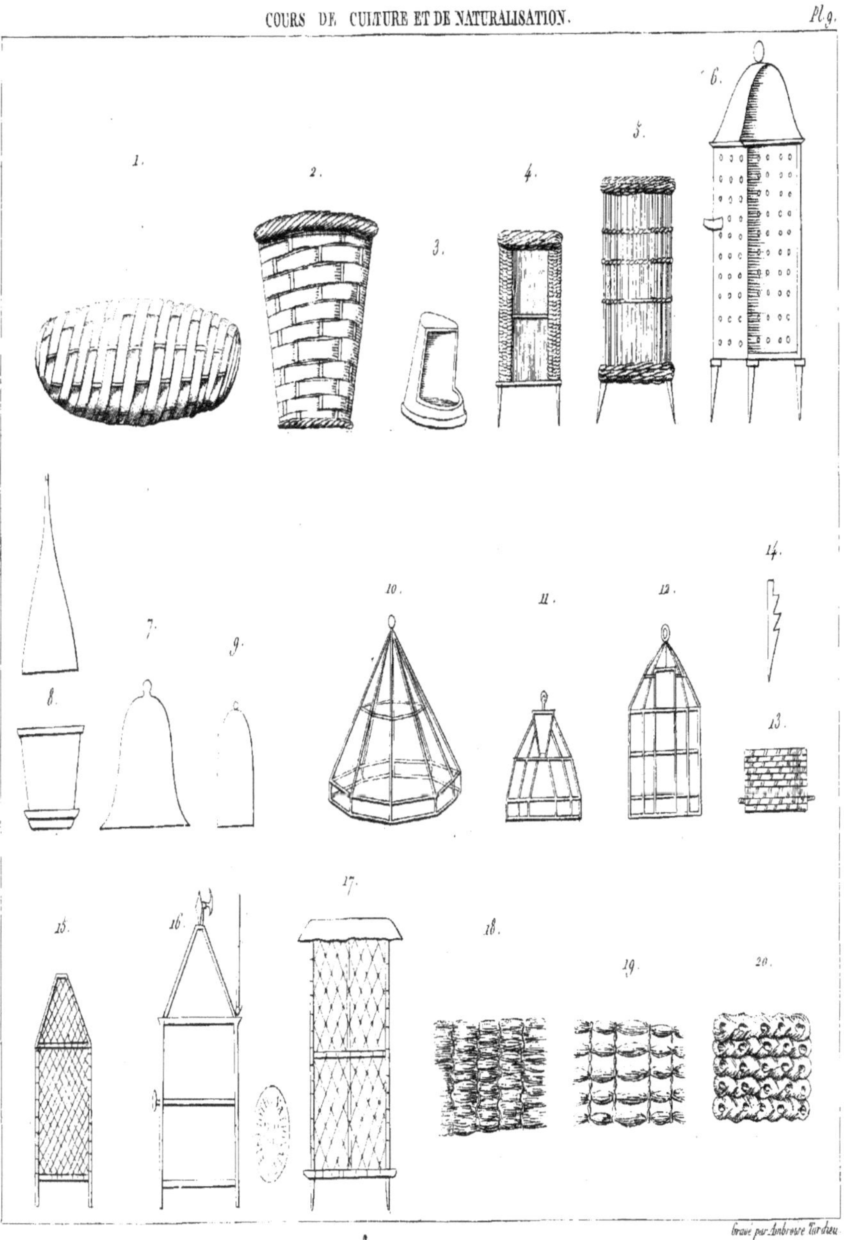

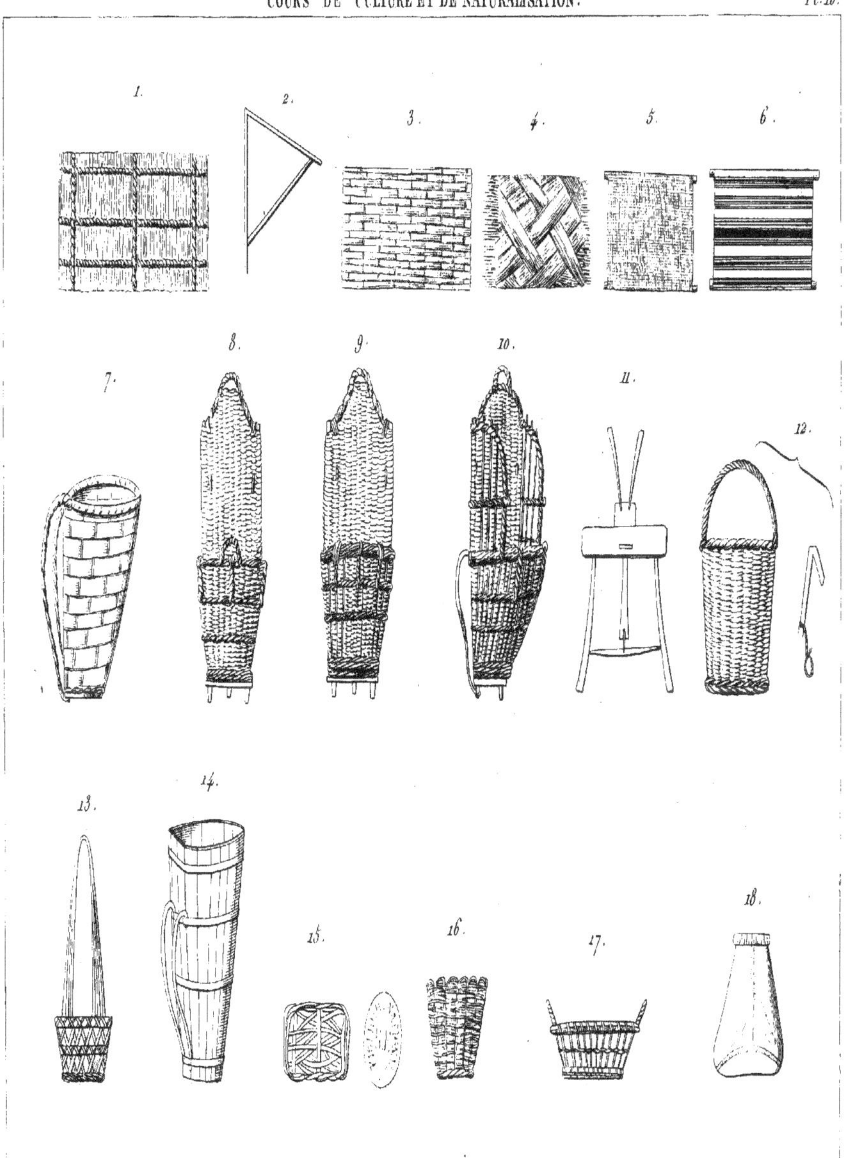

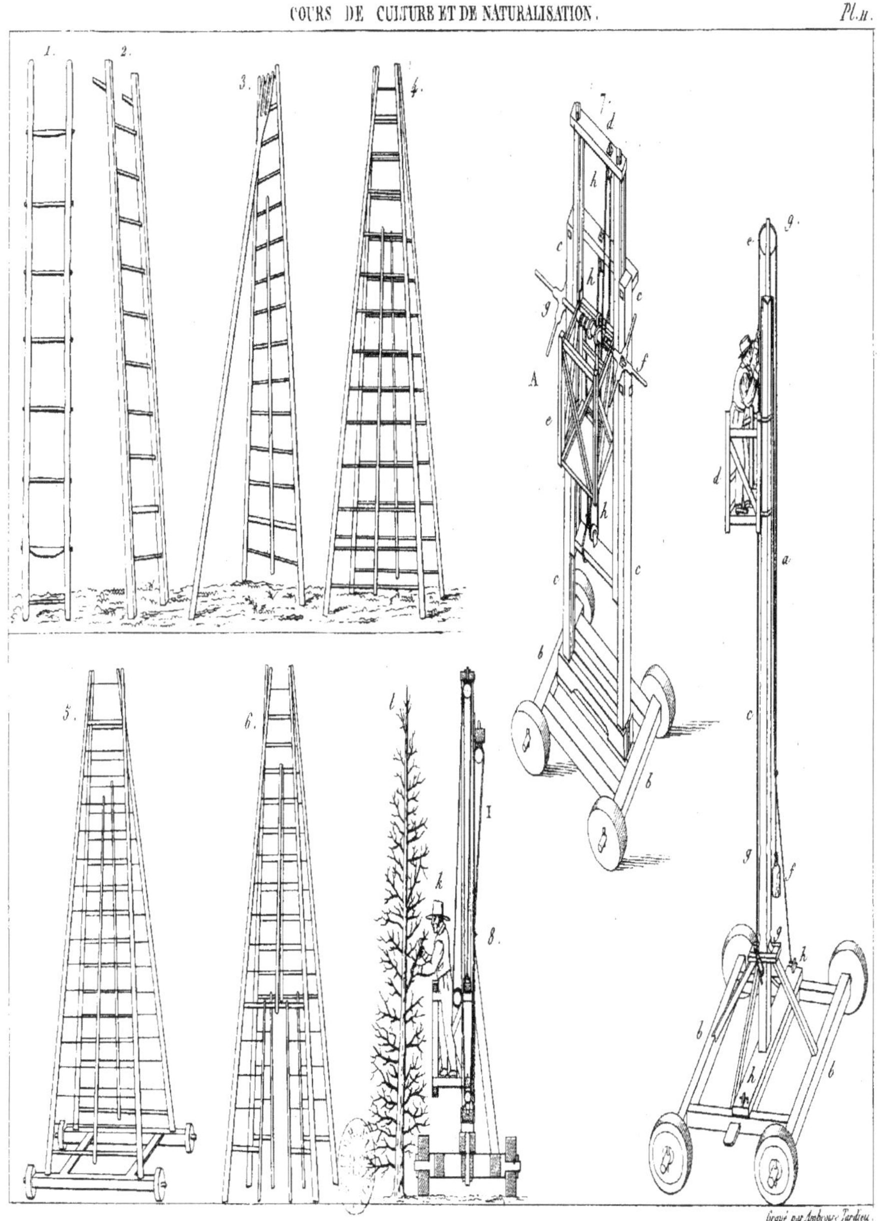

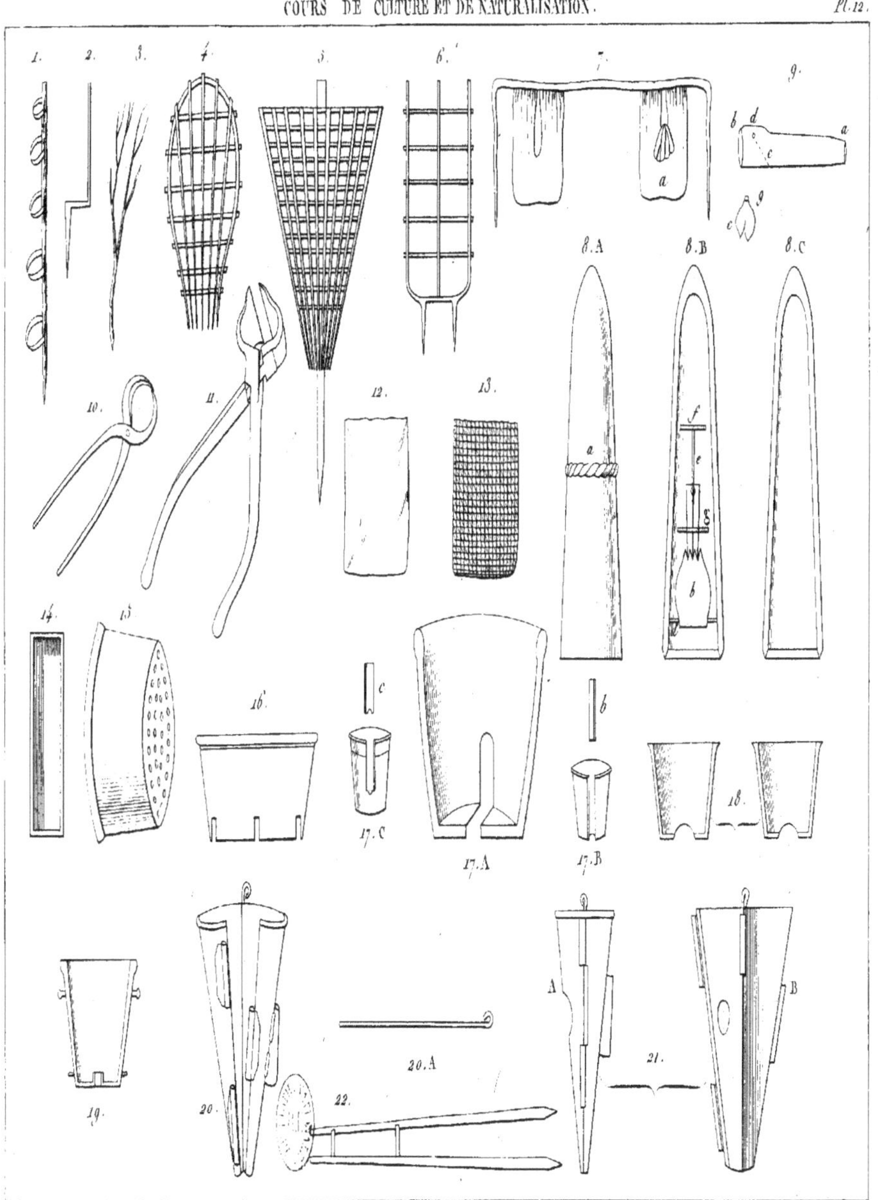

Pl. 13.

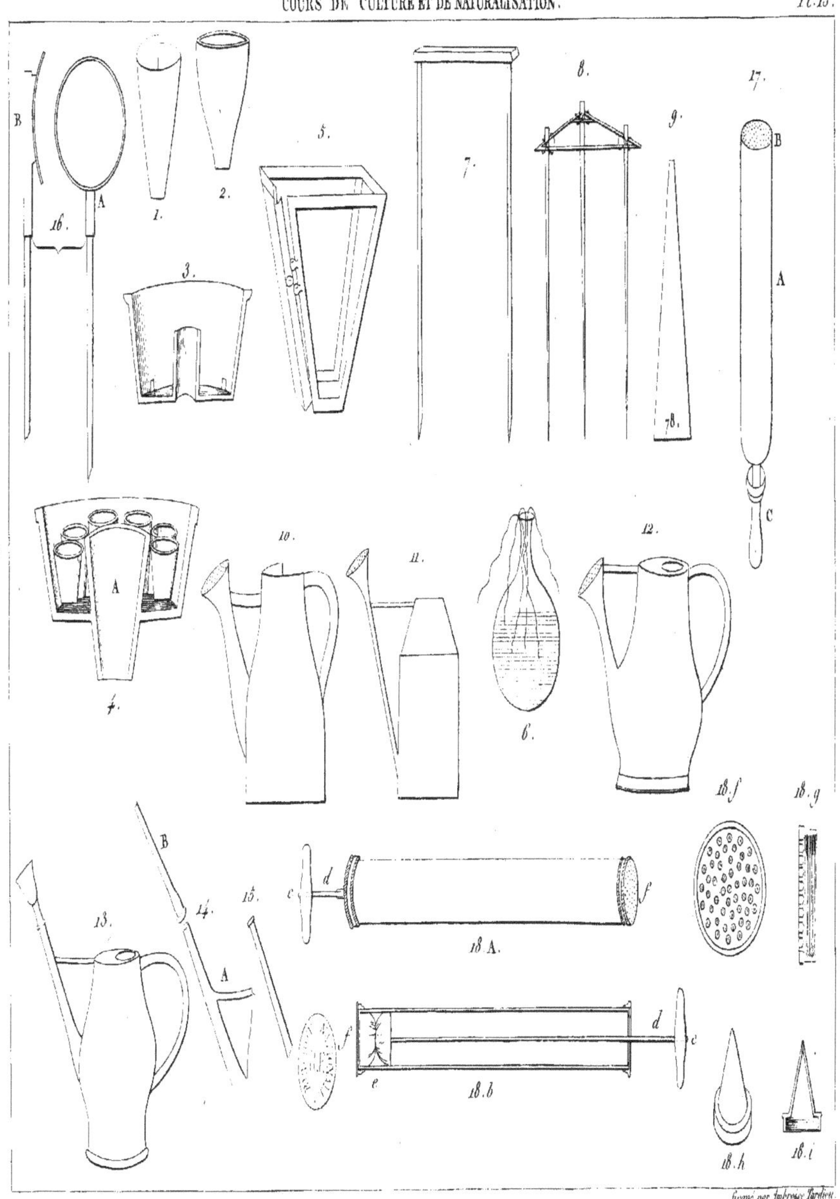

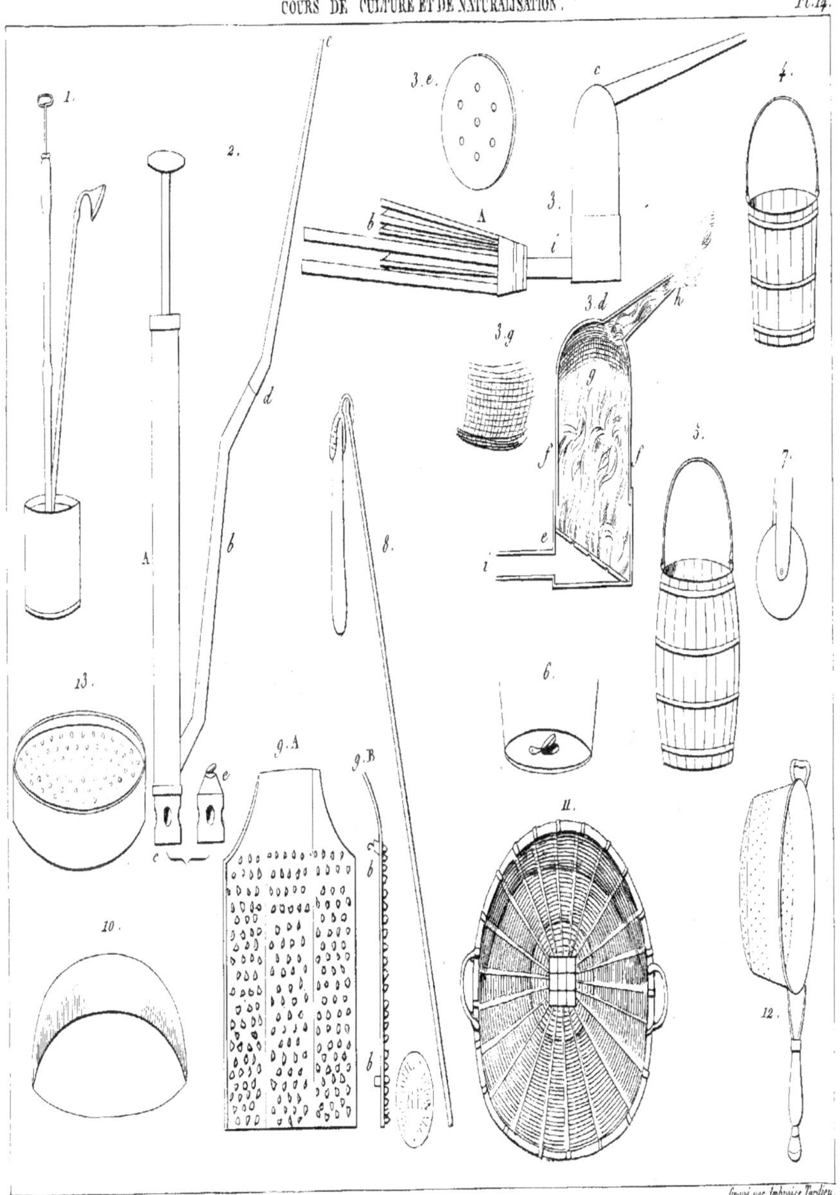
1.
2.
3.e.
3.
3.d.
3.g.
4.
5.
6.
7.
8.
9.A
9.B
10.
11.
12.
13.

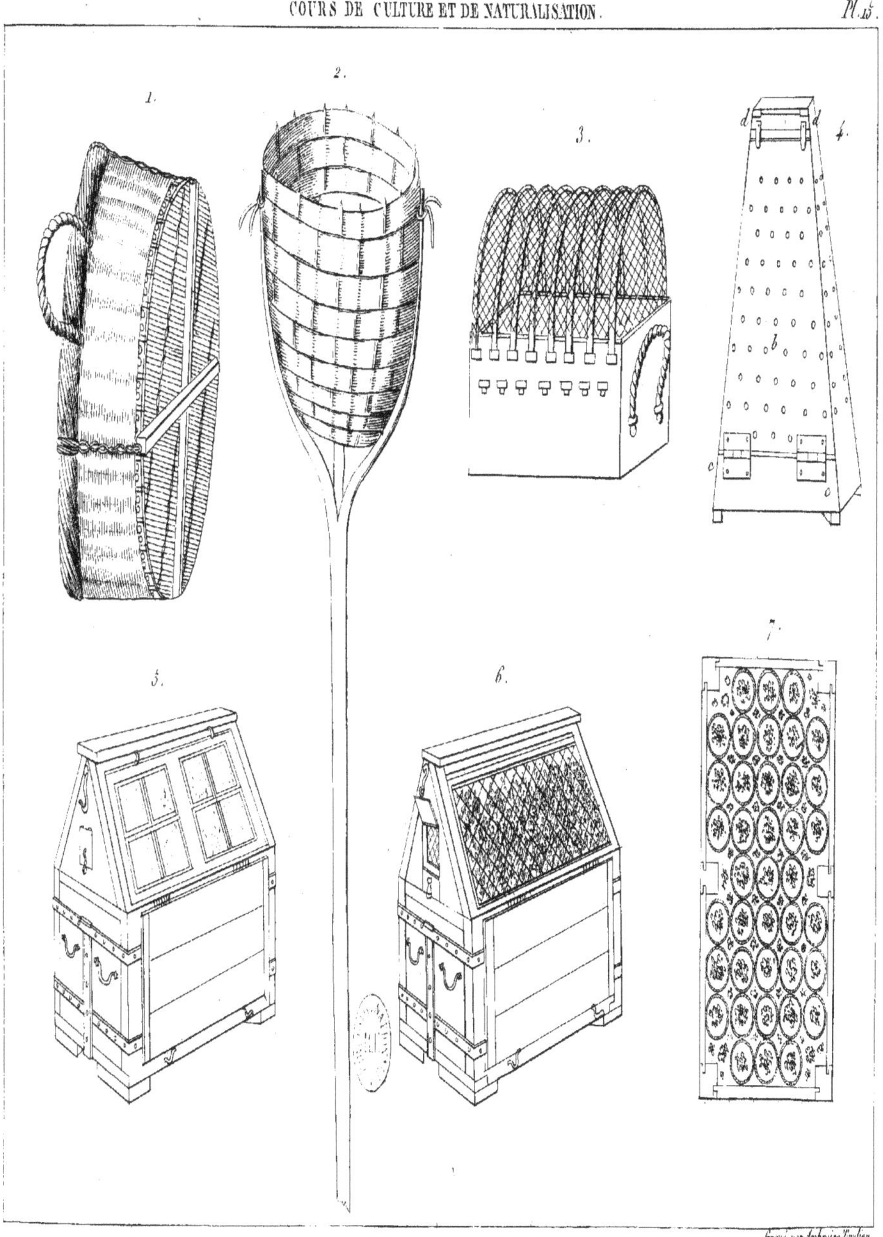

1.
2.
3.
4.
5.
6.
7.

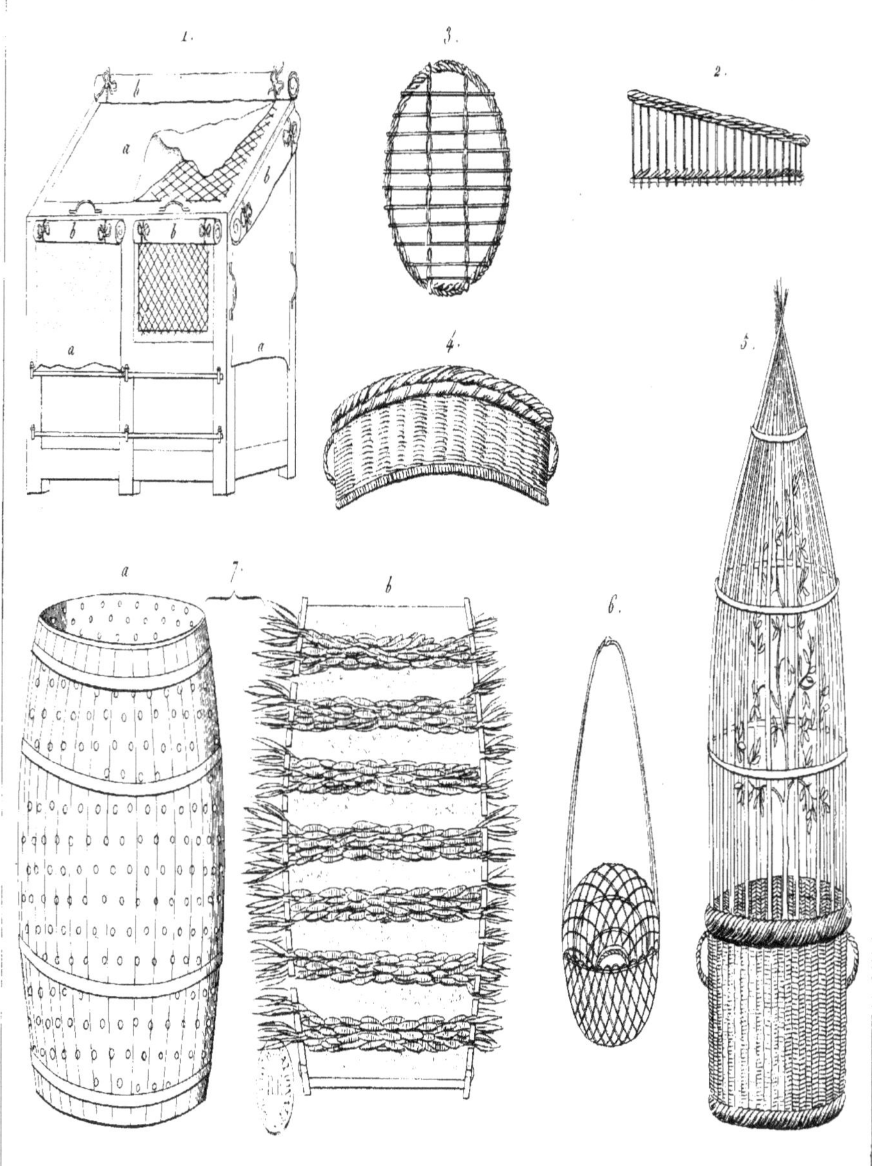

4.
1.
7.A.
7.B.
2.
6.
5.
3.
8.

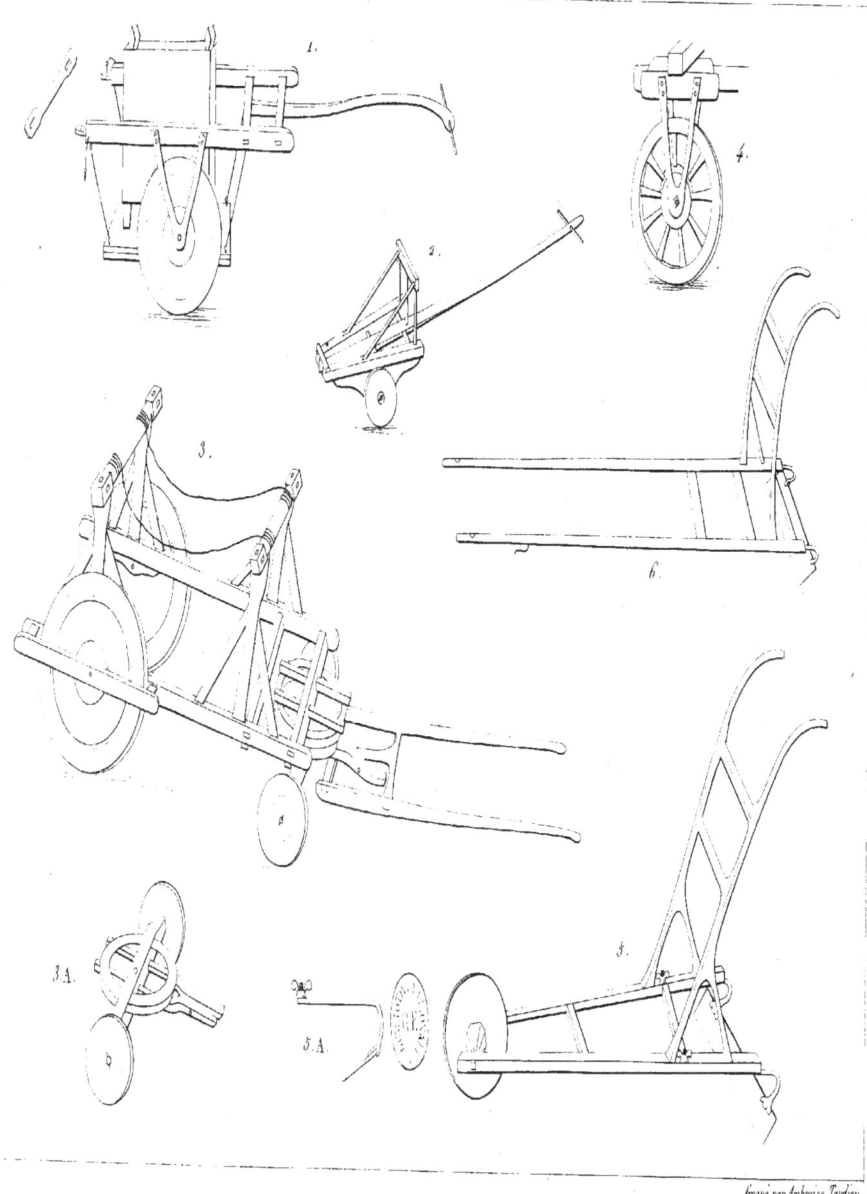

Gravé par Ambroise Tardieu.

Pl. 19.

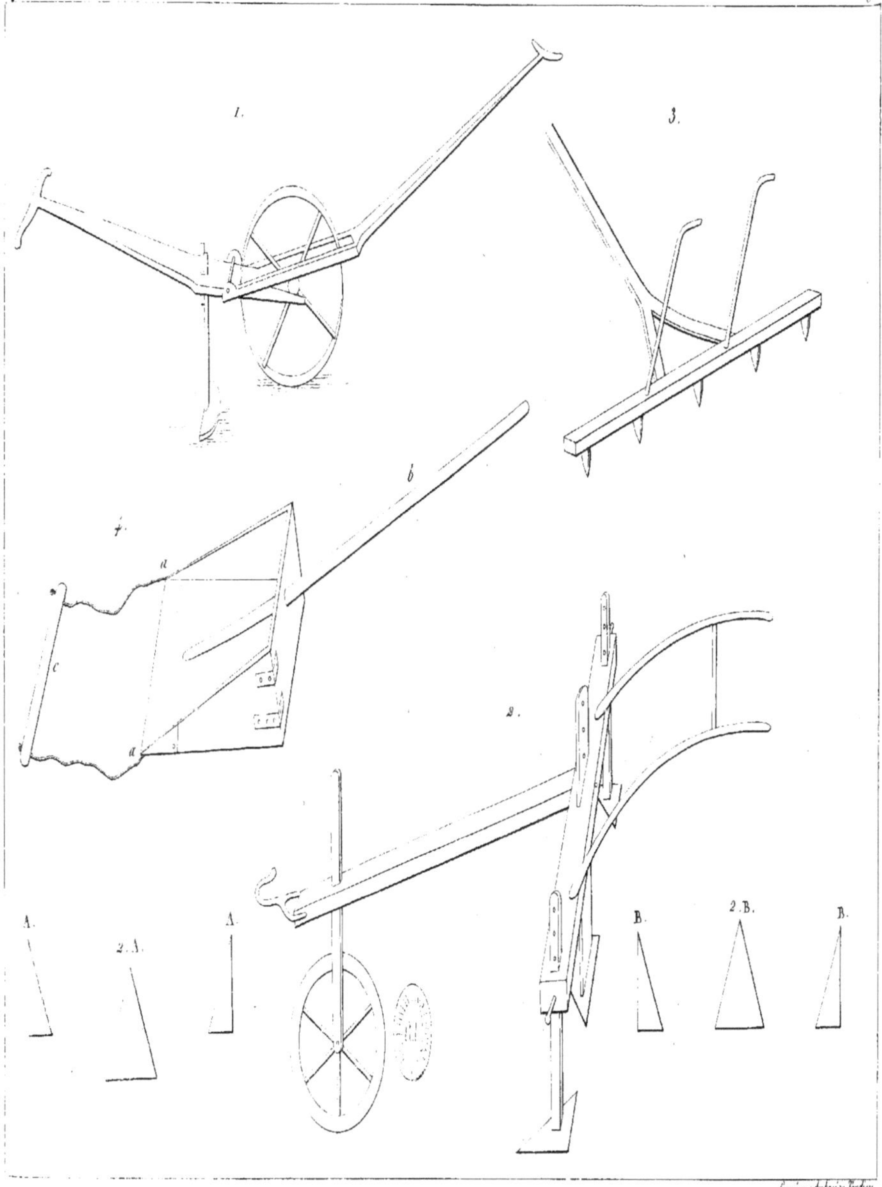

Gravé par Ambroise Tardieu.

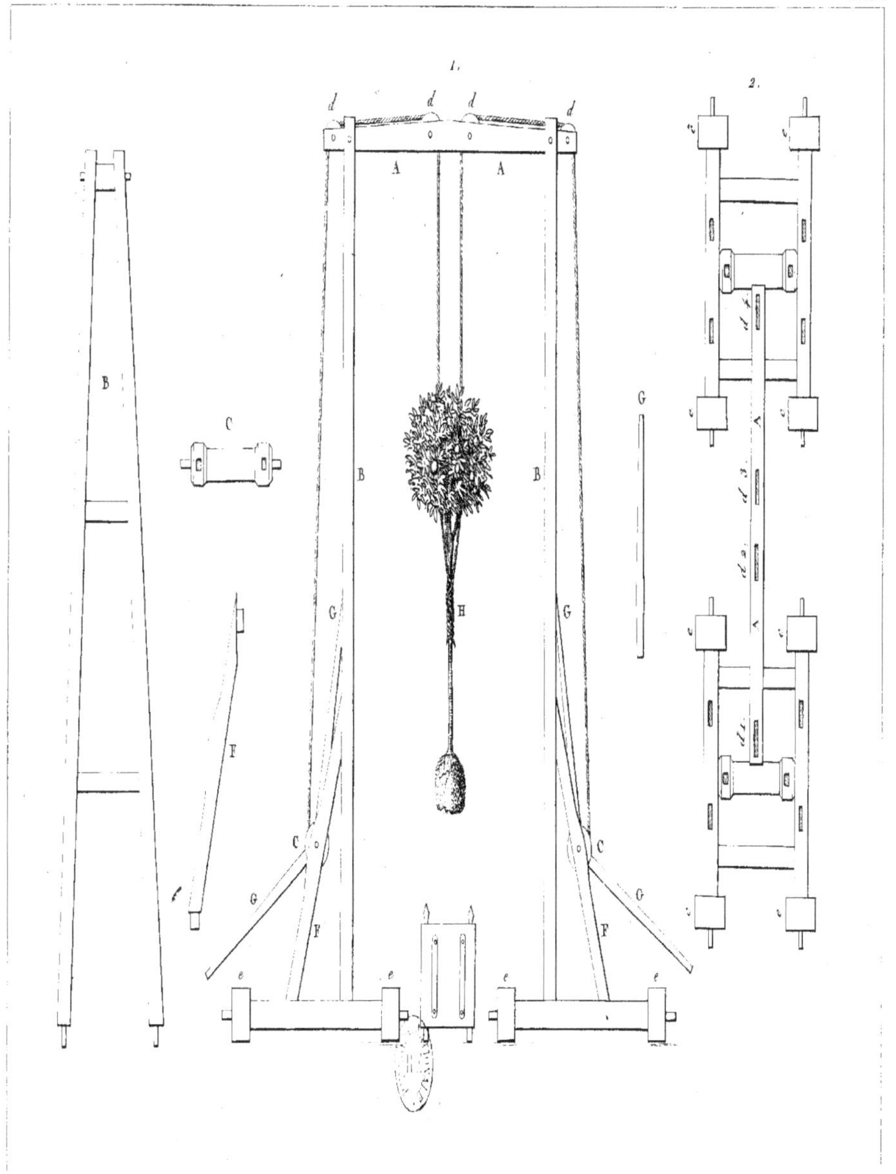
1.
d   d   d   d
A   A
B   B
C
B
G   G
H
F
C   C
G   G
F   F
e   e   e   e
2.
G

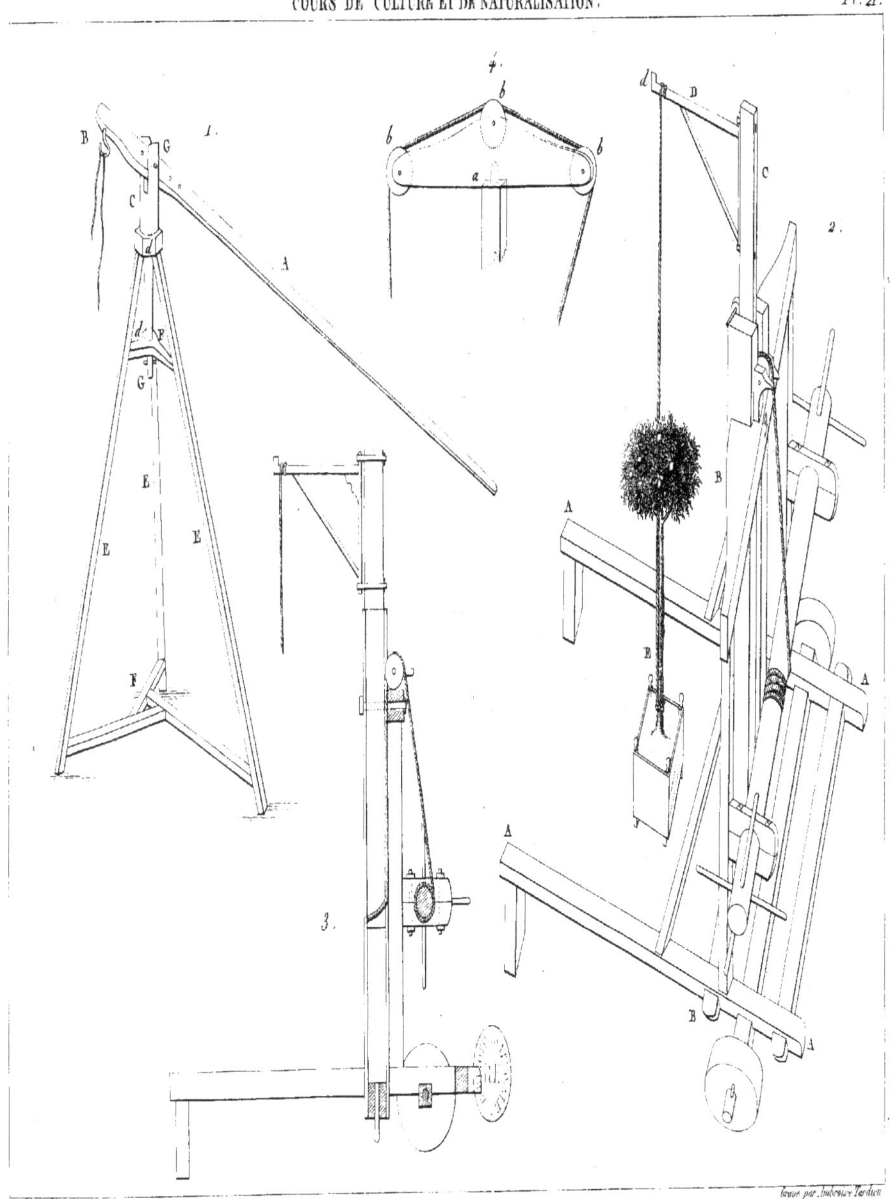

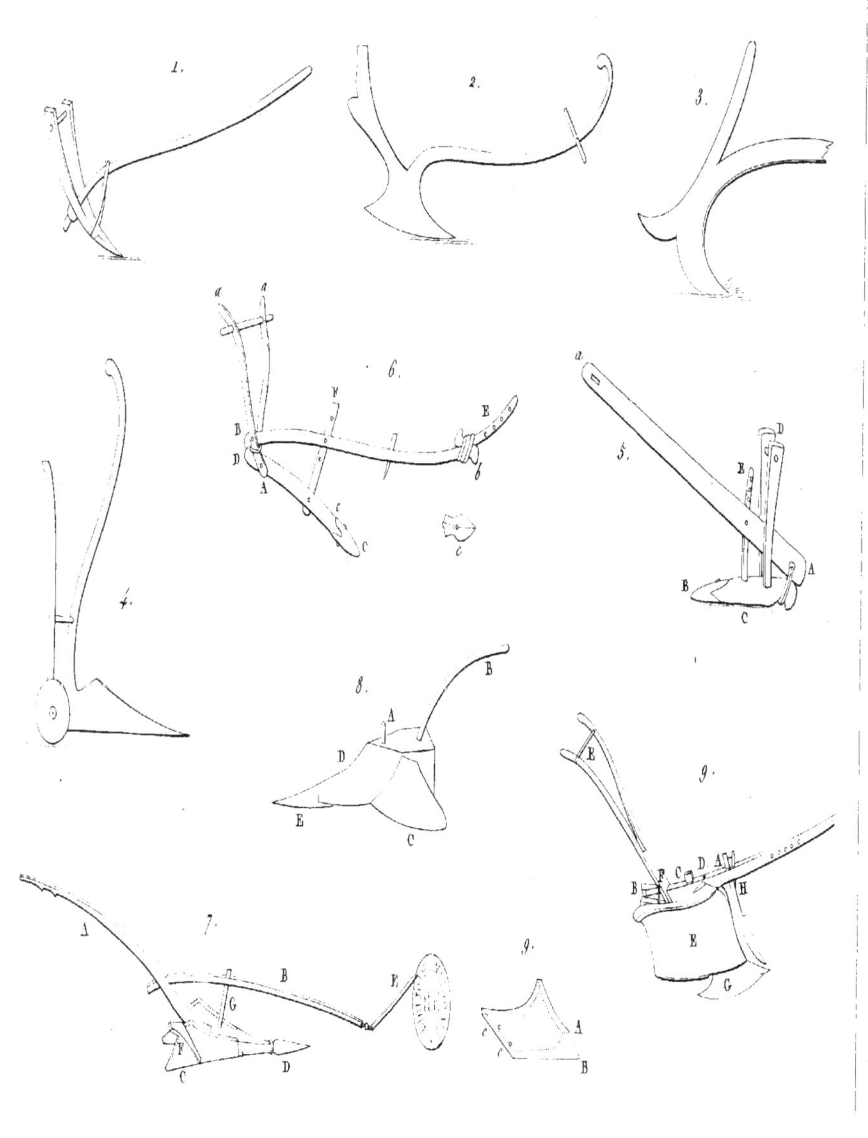
1.
2.
3.
4.
5.
6.
7.
8.
9.
a
a
B
D
A
c
c
F
E
b
c
a
D
E
A
B
C
A
B
D
E
C
E
A
G
B
E
C
F
D
B
F
C
D
A
H
E
G
A
c
c
B

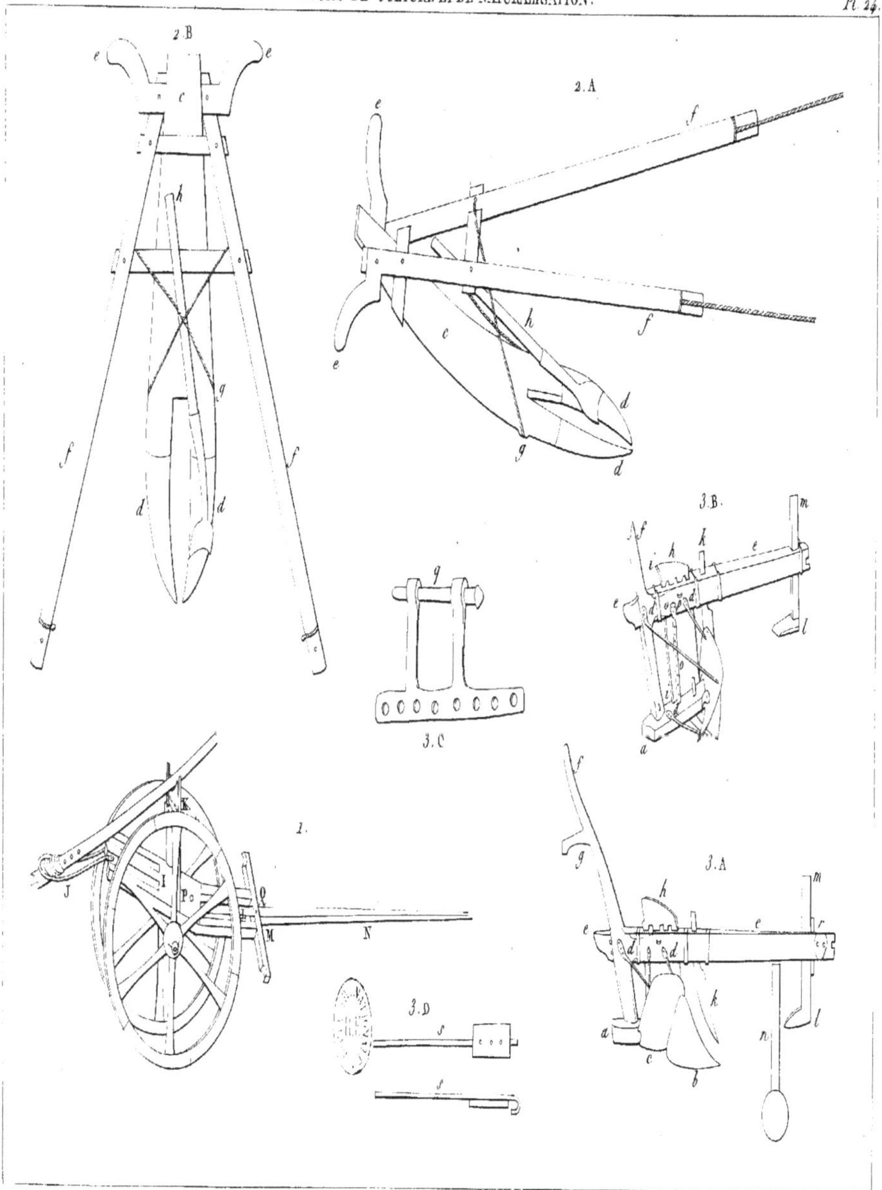

2.B
2.A
3.B
3.C
3.A
3.D
1.

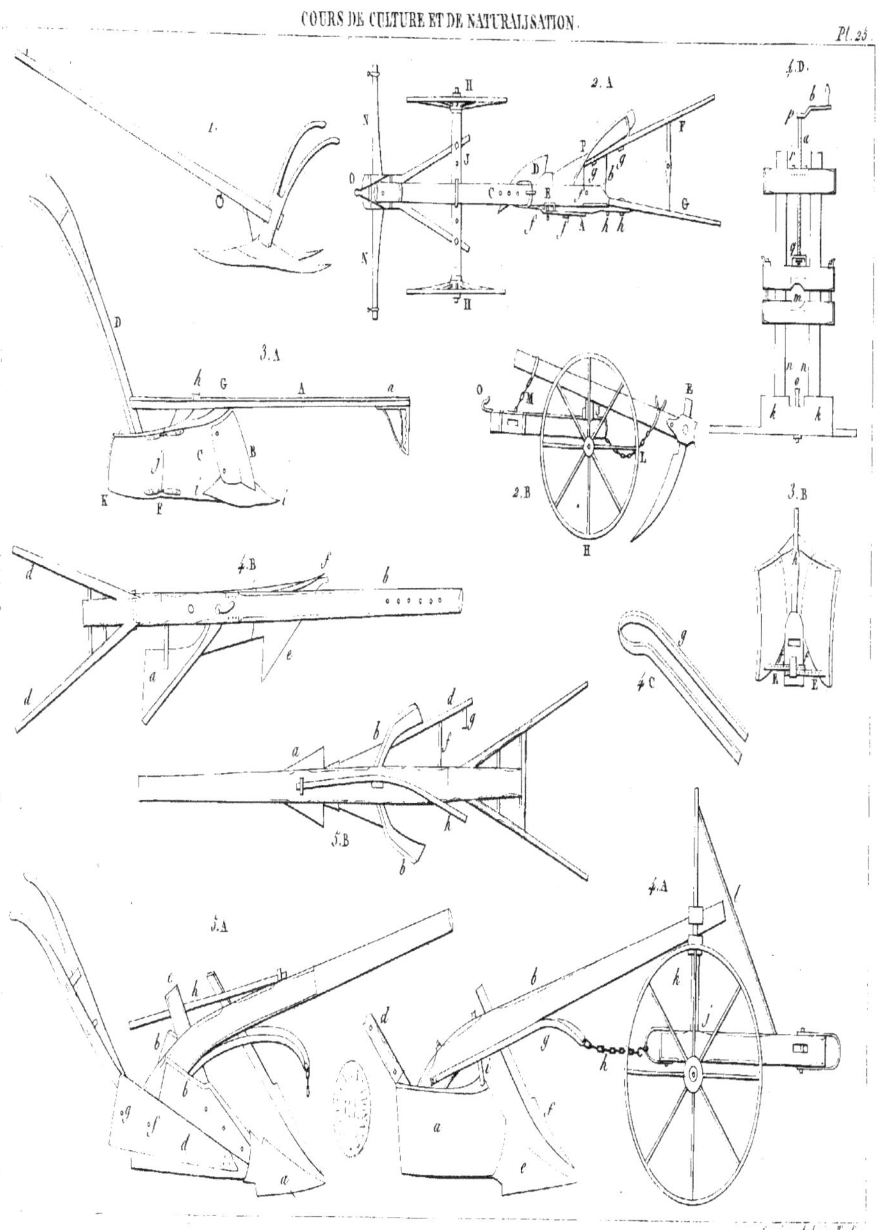

1.
2.A
4.D
3.A
2.B
3.B
4.B
4.C
5.B
5.A
4.A

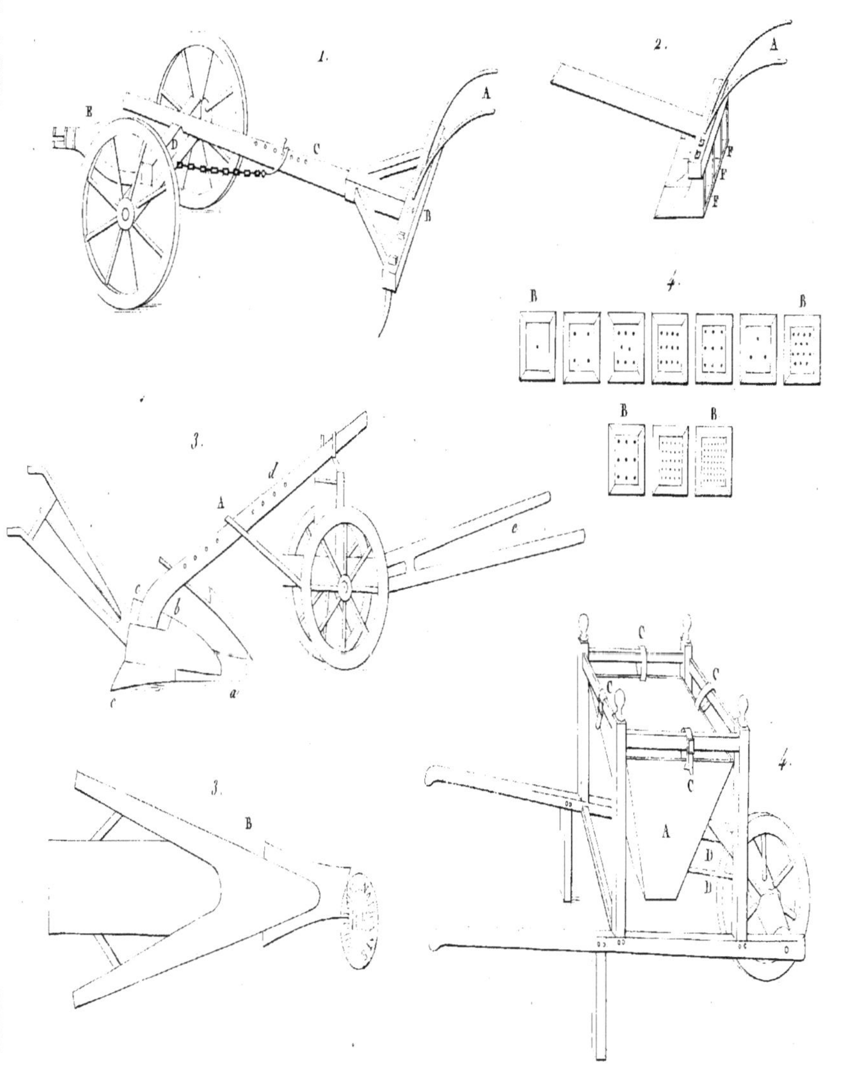
1.
E
D C A
B
2.
A
F
F
F
4.
B B
B B
3.
d
A
e
c
b
a
c
3.
B
4.
C
C
C
C
A
D
D
B

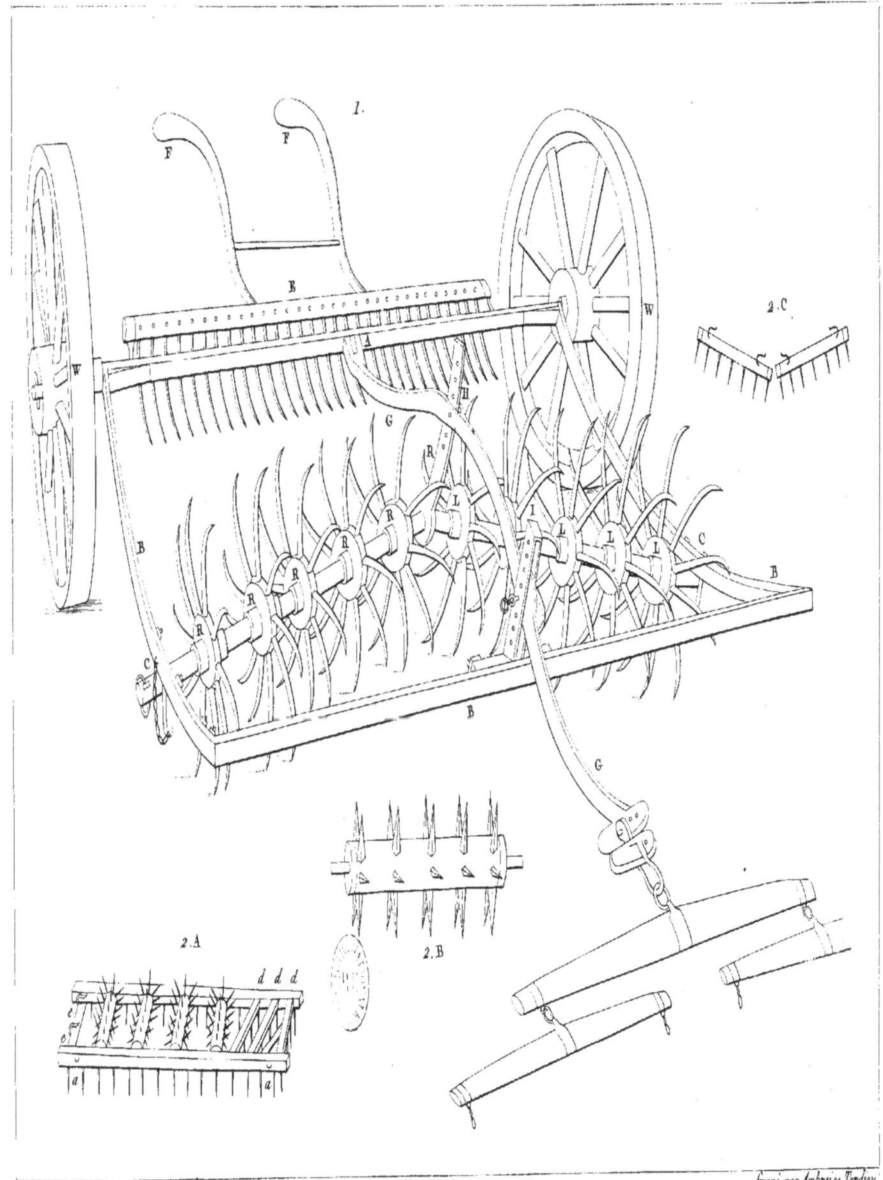

1.
2.C
2.A
2.B

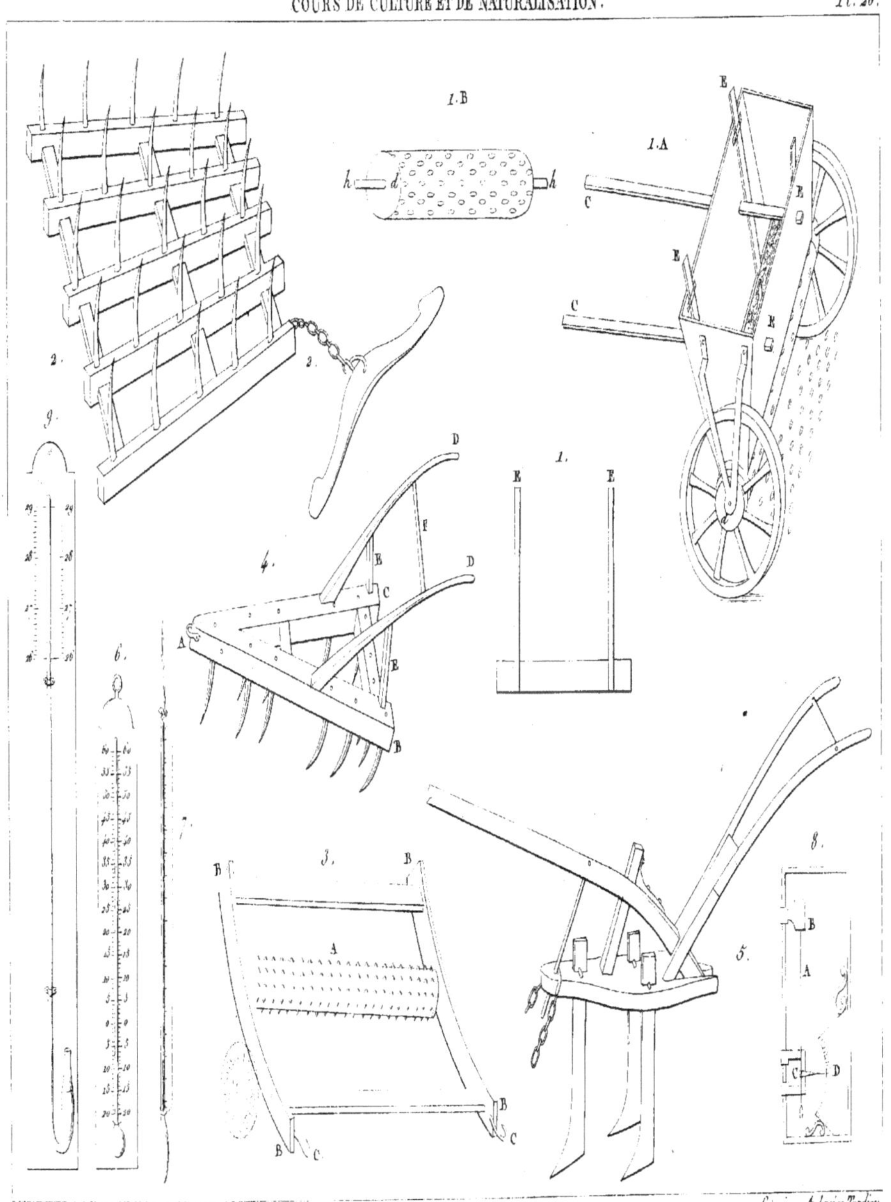

1.B
1.A
2.
3.
9.
6.
4.
D
1.
7.
3.
A
5.
8.

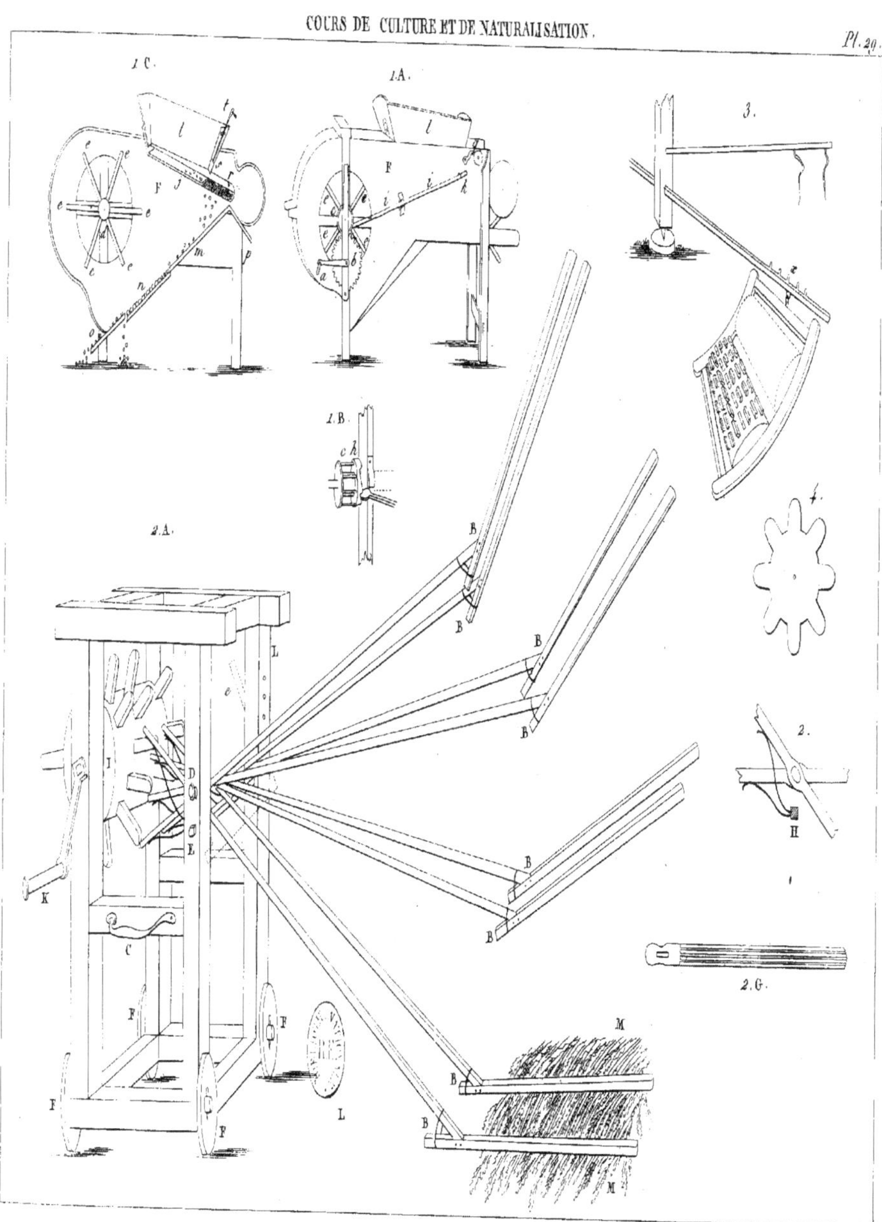

Gravé par Ambroise Tardieu.

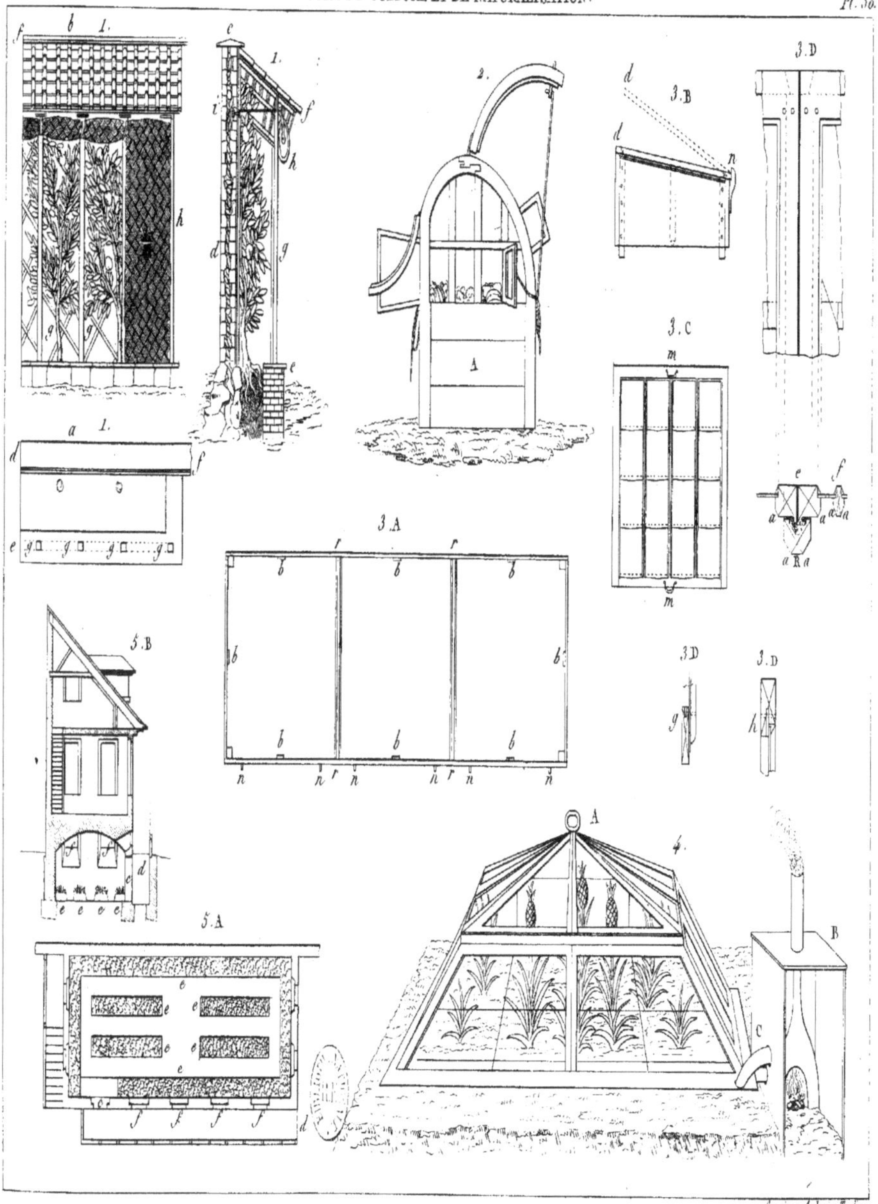

A
Grave par Ambroise Tardieu.

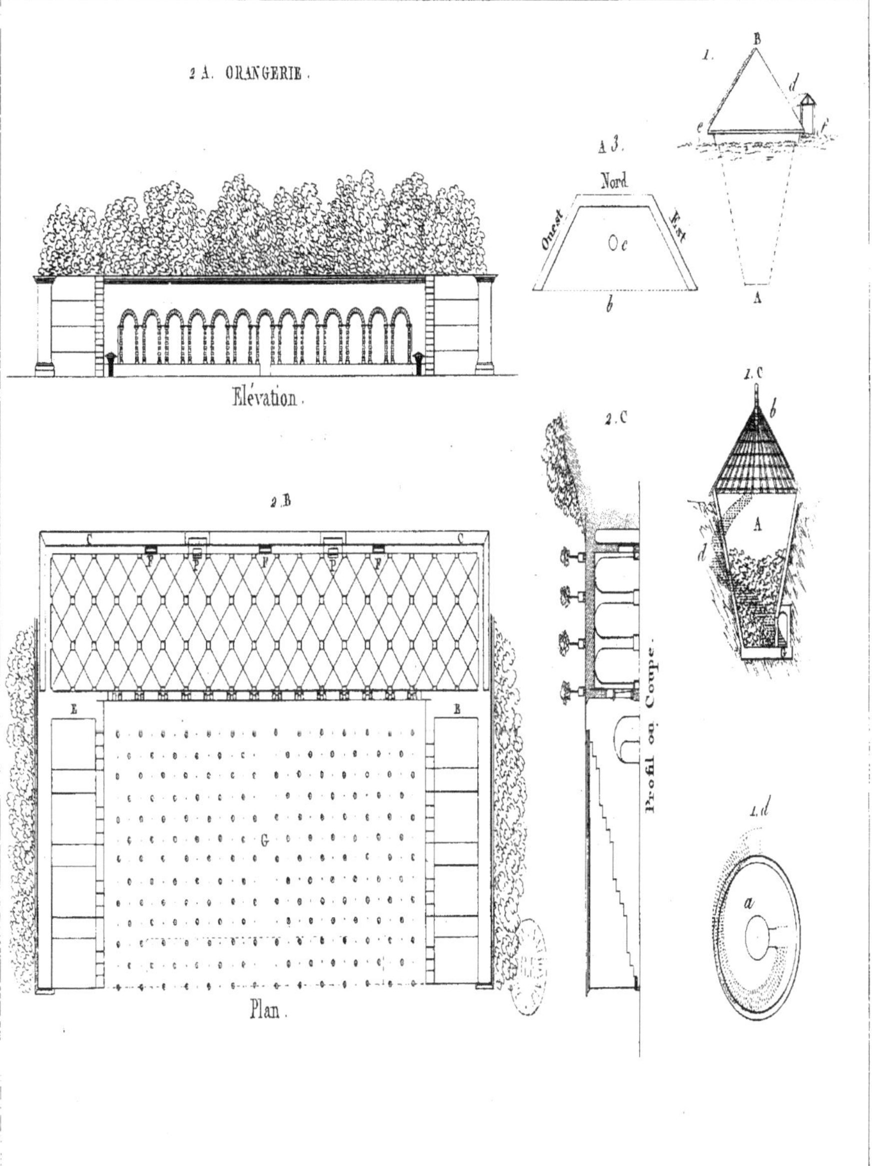
2 A. ORANGERIE.
Élévation.
A 3.
Nord
Ouest
Est
O c
b
1.
B
d
e
f
A
1. C
b
2. C
A
d
c
2. B
C
C
F
F
F
D
F
E
B
G
Plan.
Profil ou Coupe.
1. d
a

SERRE A PÊCHERS ET A VIGNES.

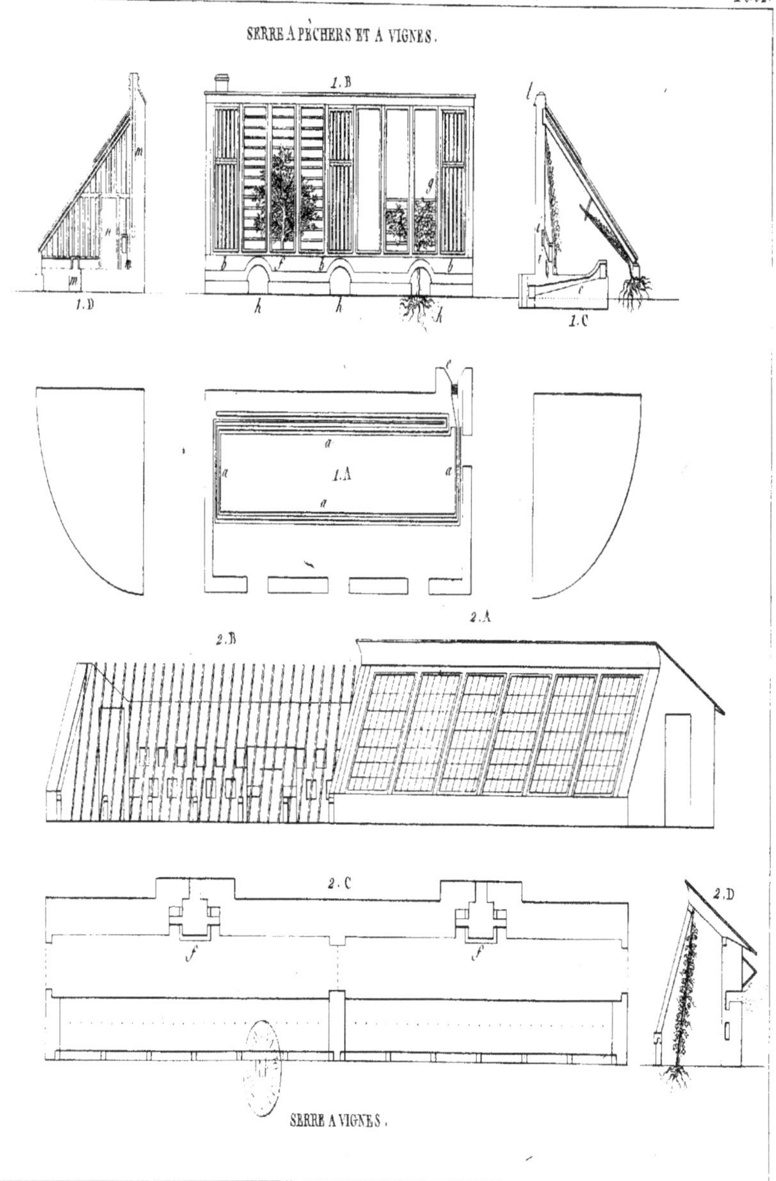

Gravé par Ambroise Tardieu.

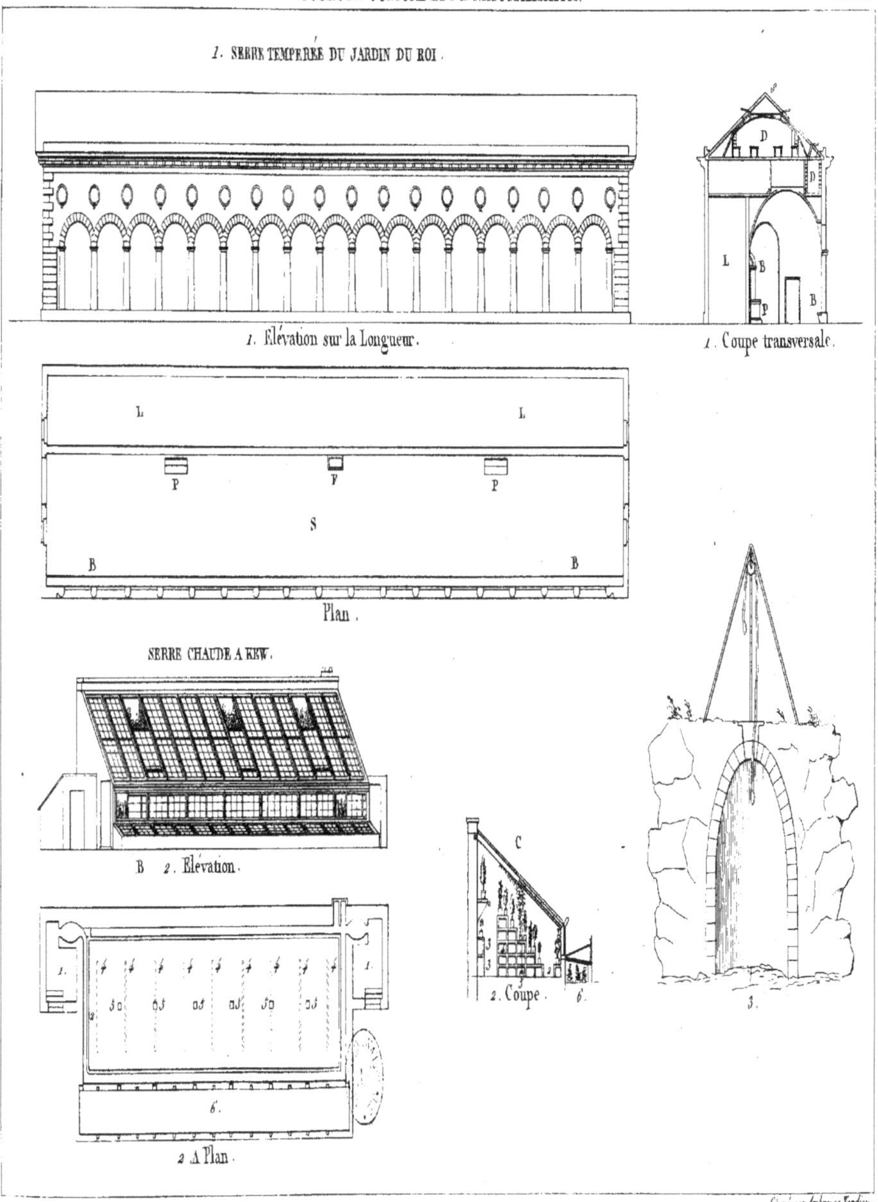

COURS DE CULTURE ET DE NATURALISATION
Pl. 35.
1. SERRE TEMPÉRÉE DU JARDIN DU ROI.
1. Élévation sur la Longueur.
1. Coupe transversale.
D
D
L
B
B
P
L
L
P
V
P
S
B
B
Plan.
SERRE CHAUDE A KEW.
B   2. Élévation.
C
2. Coupe.
6.
3.
2. A Plan.
Gravé par Ambroise Tardieu.

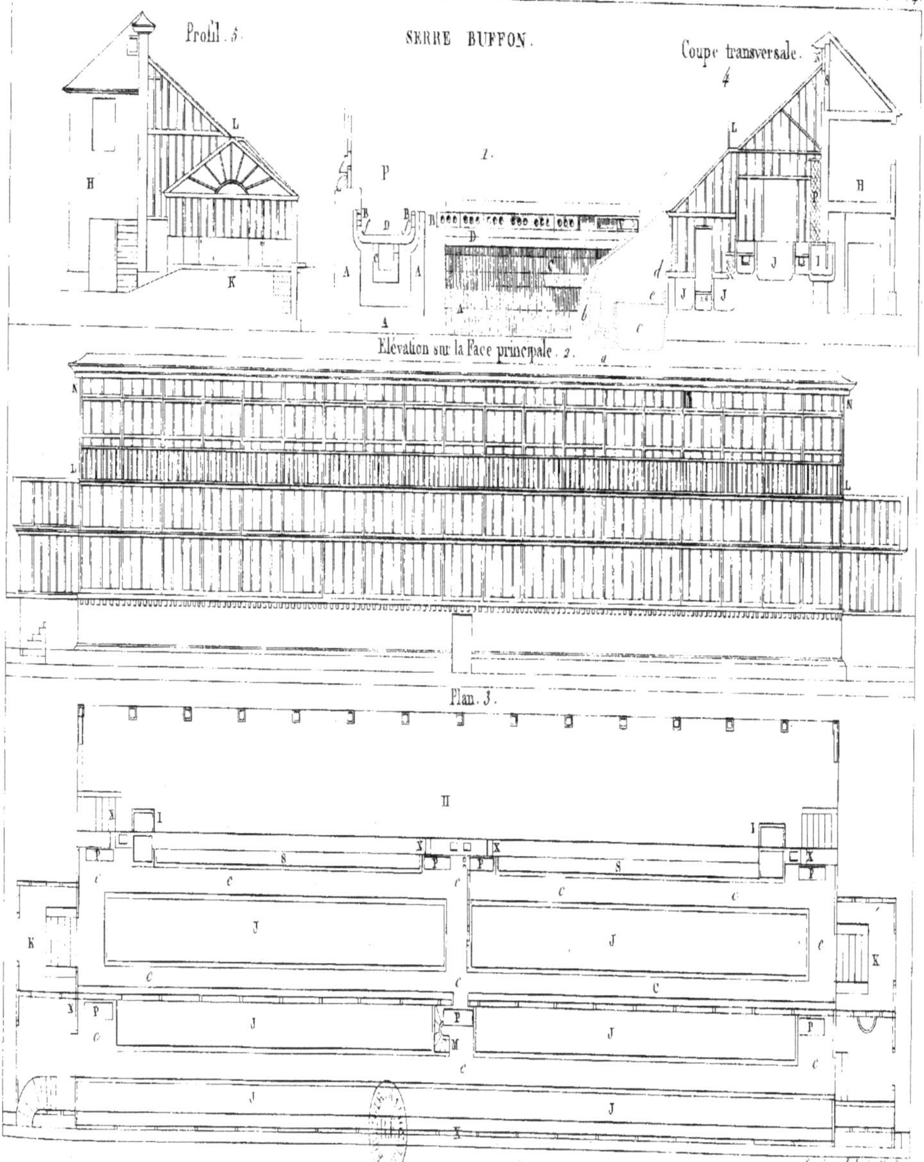

Pl. 34.

SERRE BUFFON.

Profil. 5.

Coupe transversale.
4

Élévation sur la Face principale. 2.

Plan. 3.

Gravé par Ambroise Tardieu.

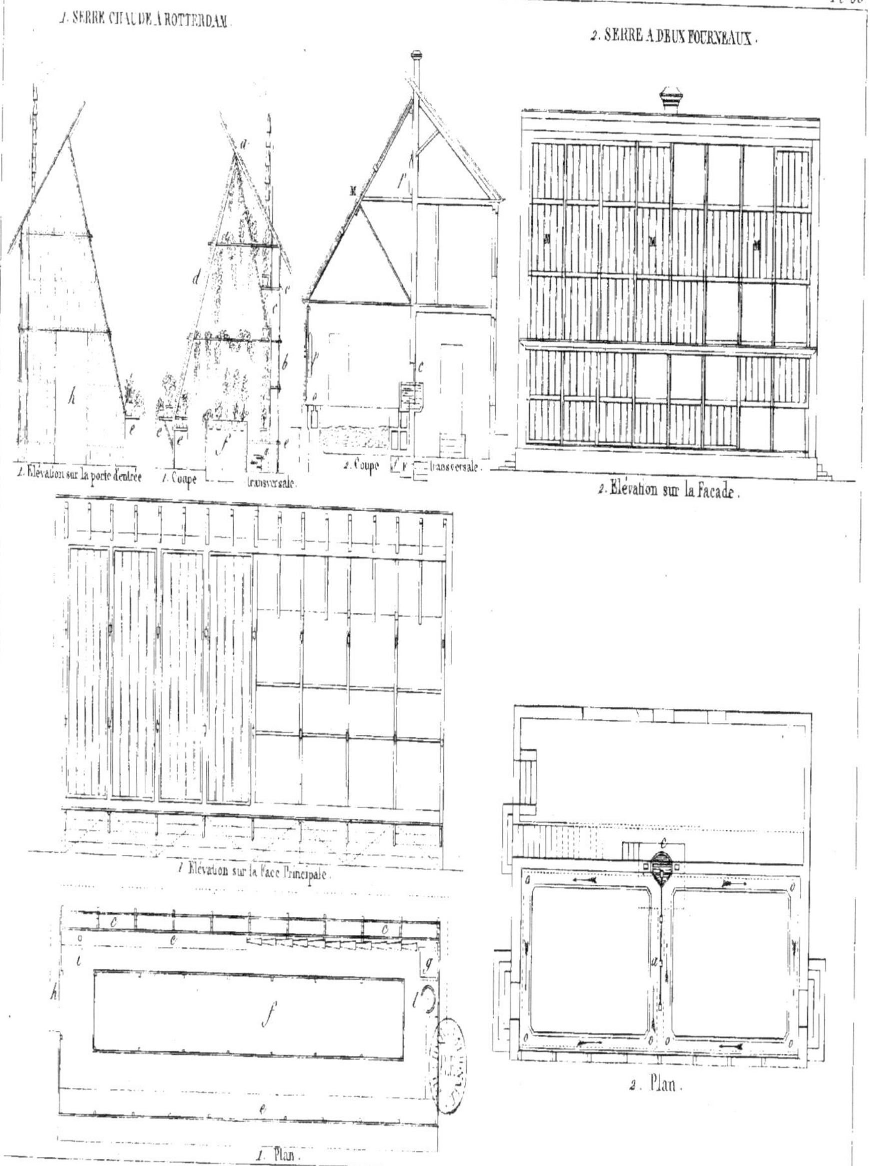

1. SERRE CHAUDE A ROTTERDAM.

2. SERRE A DEUX FOURNEAUX.

1. Elevation sur la porte d'entrée.

1. Coupe transversale.

2. Coupe V V transversale.

2. Elevation sur la Facade.

1. Elevation sur la Face Principale.

1. Plan.

2. Plan.

Gravé par Ambroise Tardieu.

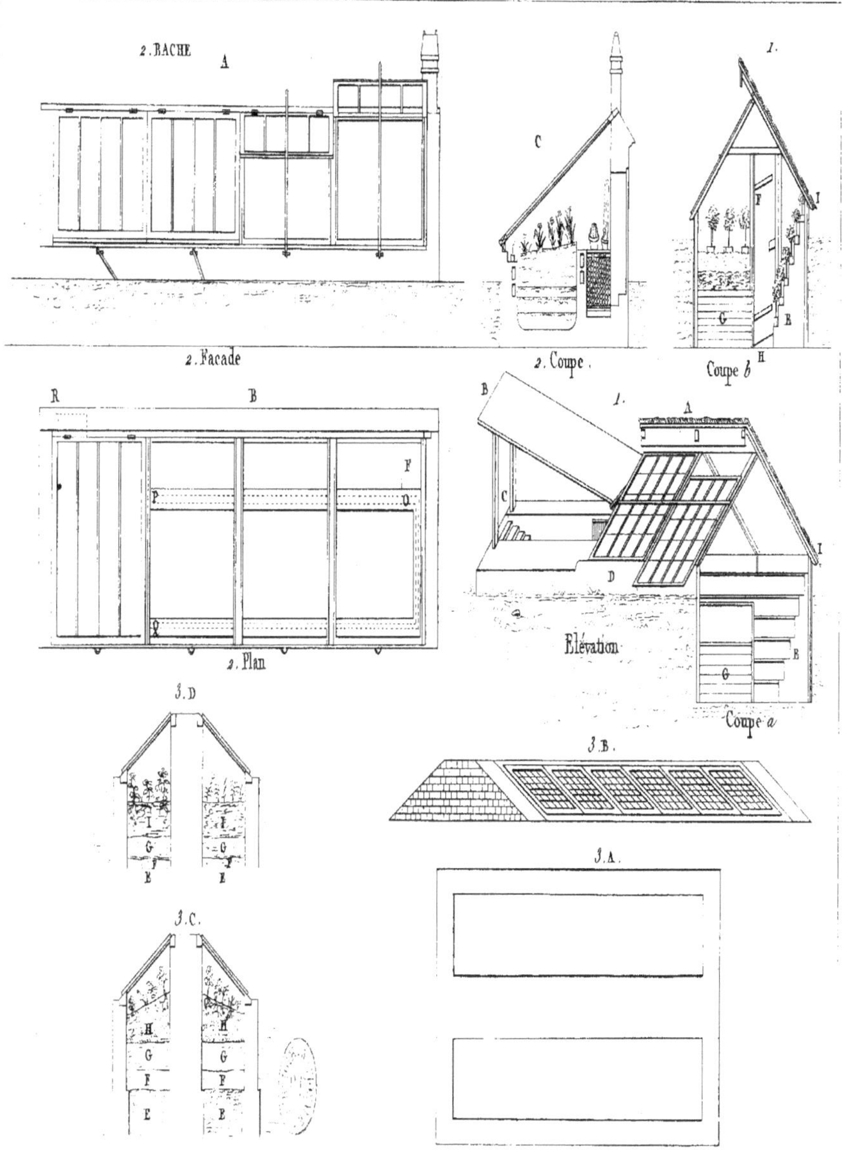
2. BACHE
A
C
1.
F
I
2. Facade
2. Coupe.
Coupe b
H
R
B
F
P
Q
B
1.
A
C
D
I
Q
Elévation
2. Plan
E
G
Coupe a
3. D
3. B.
I
I
G
G
E
E
3. A.
3. C.
H
H
G
G
F
F
E
E

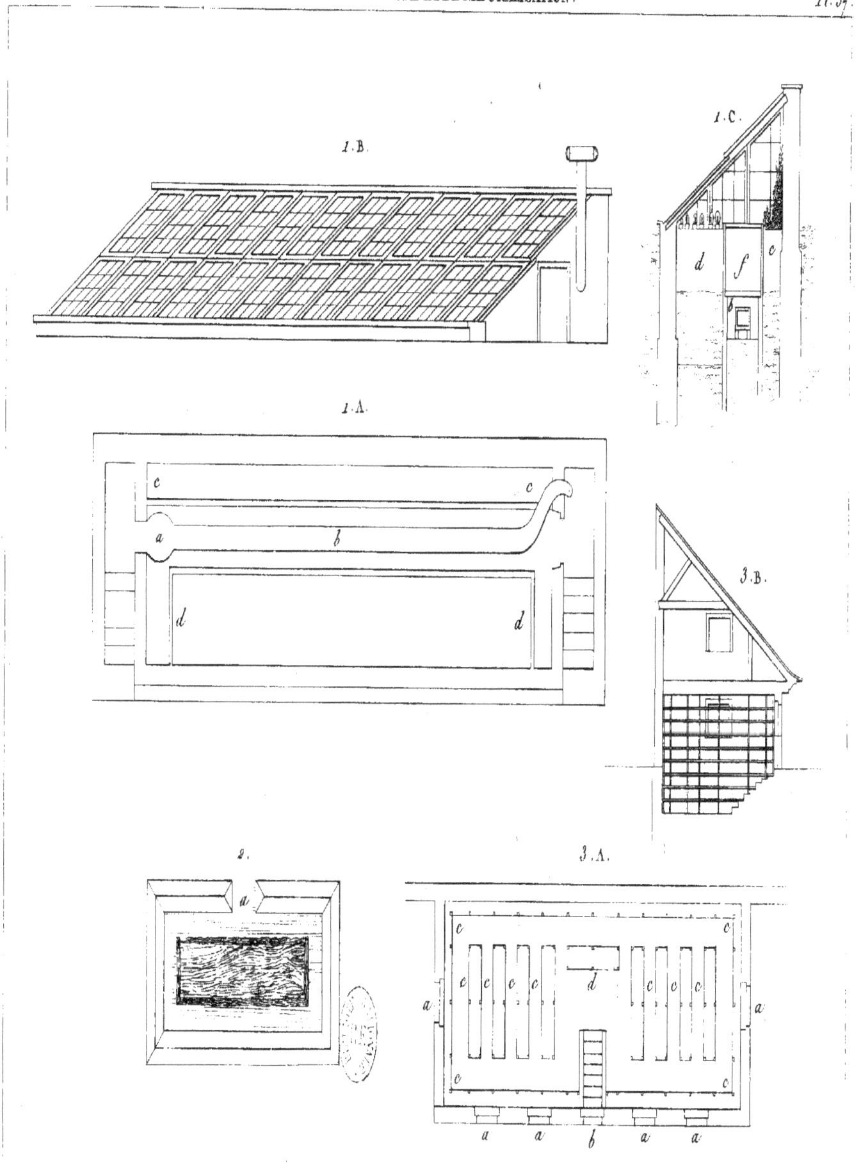
1.B.
1.C.
1.A.
c
c
a
b
d
d
d
f
c
3.B.
2.
3.A.
d
c
c
c
c
c
c
c
c
c
d
a
a
c
c
a
a
b
a
a

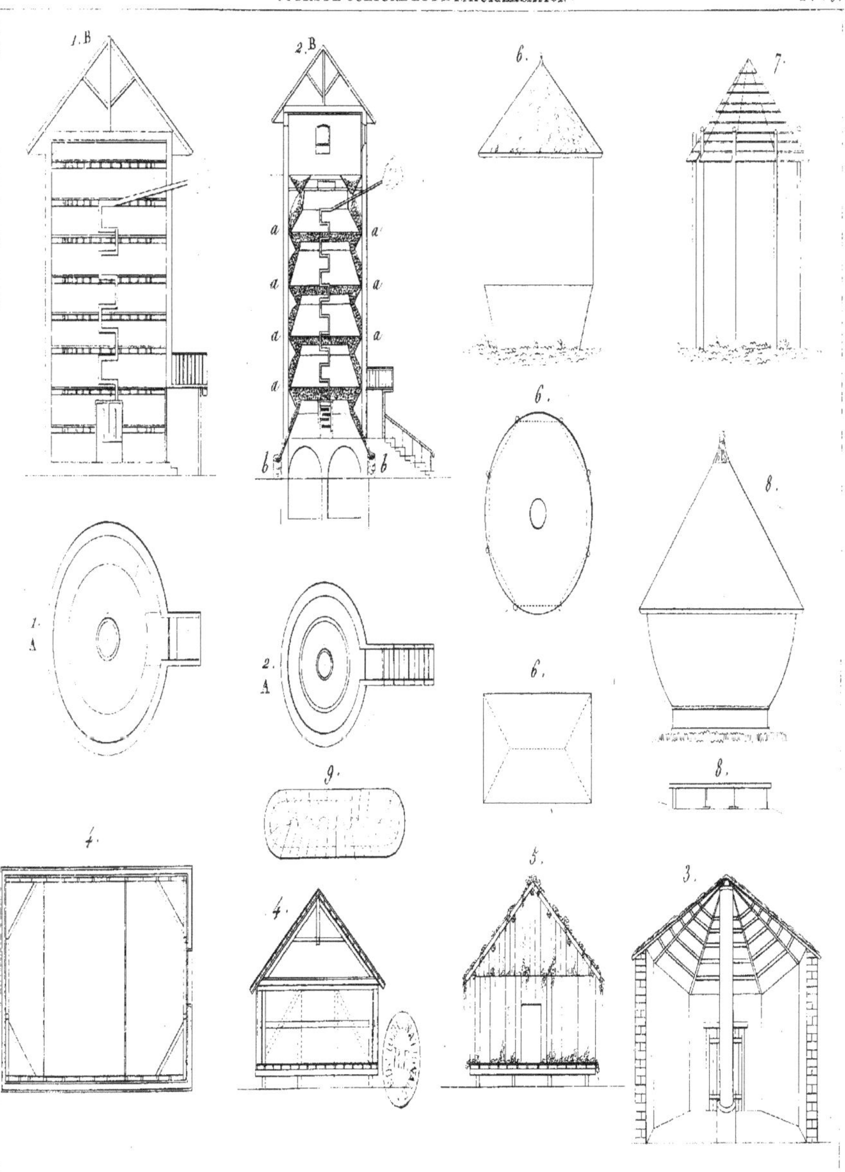

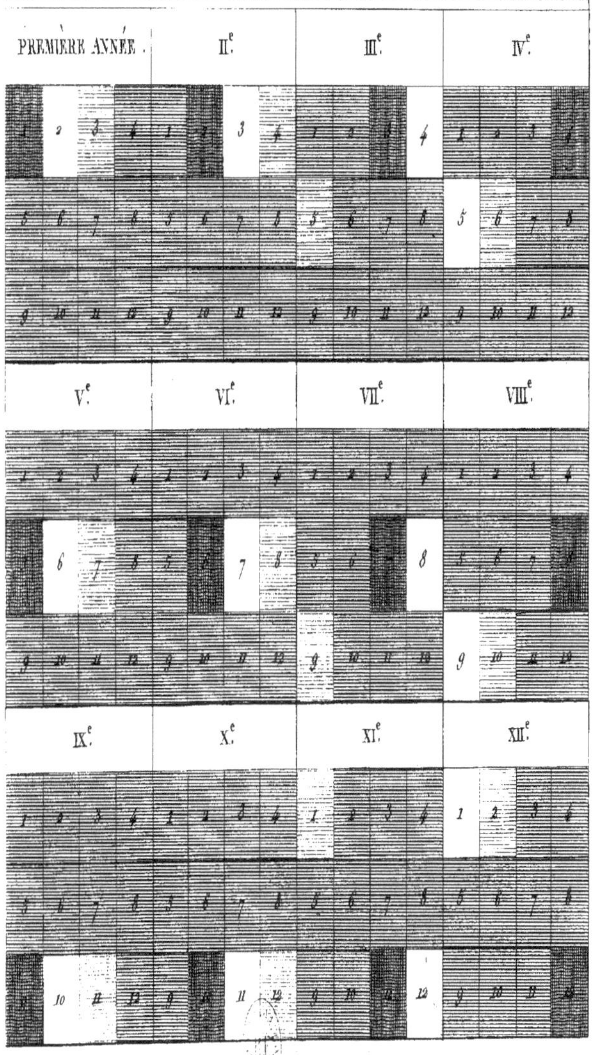

Explication des Teintes.

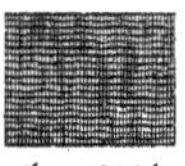

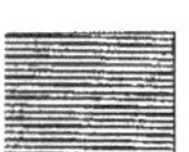

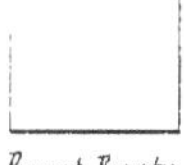

Gravé par Ambroise Tardieu.

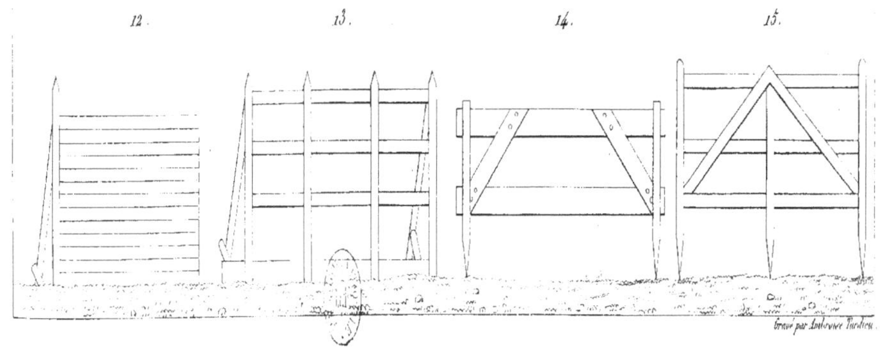

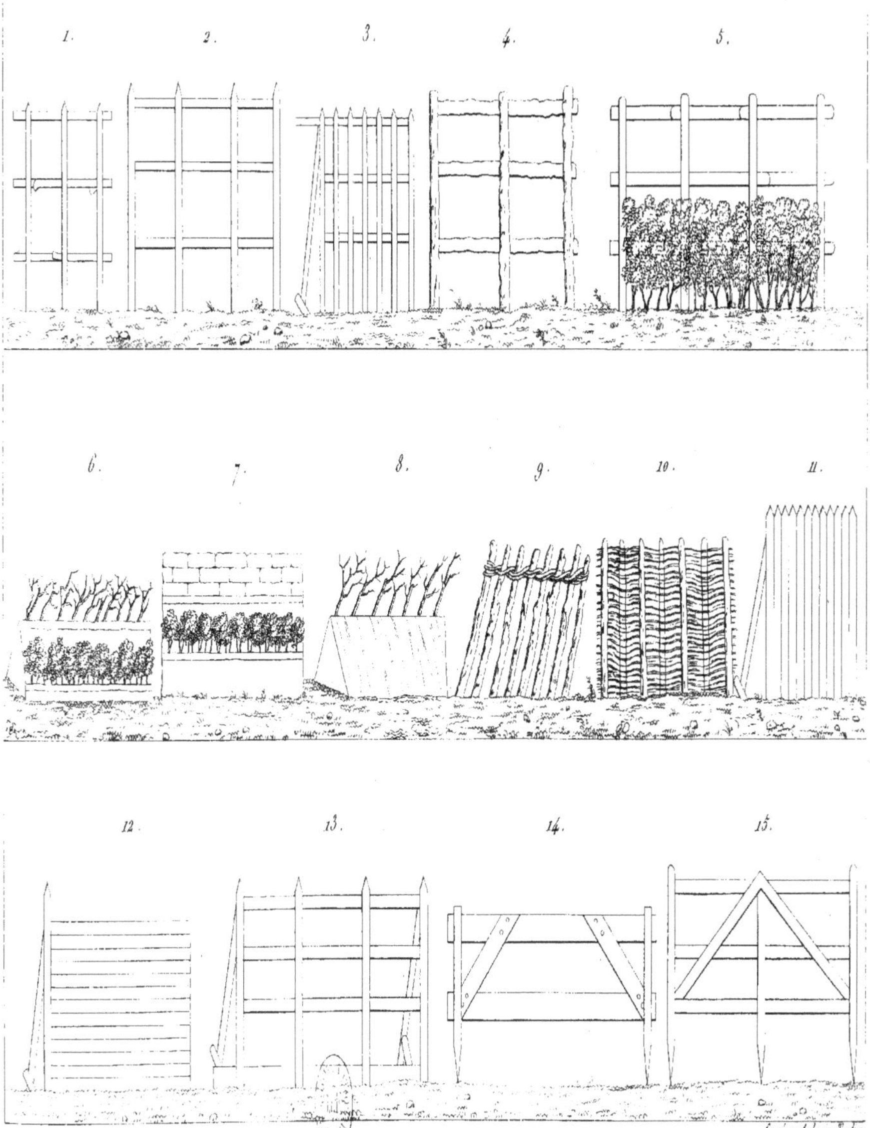

Gravé par Ambroise Tardieu.

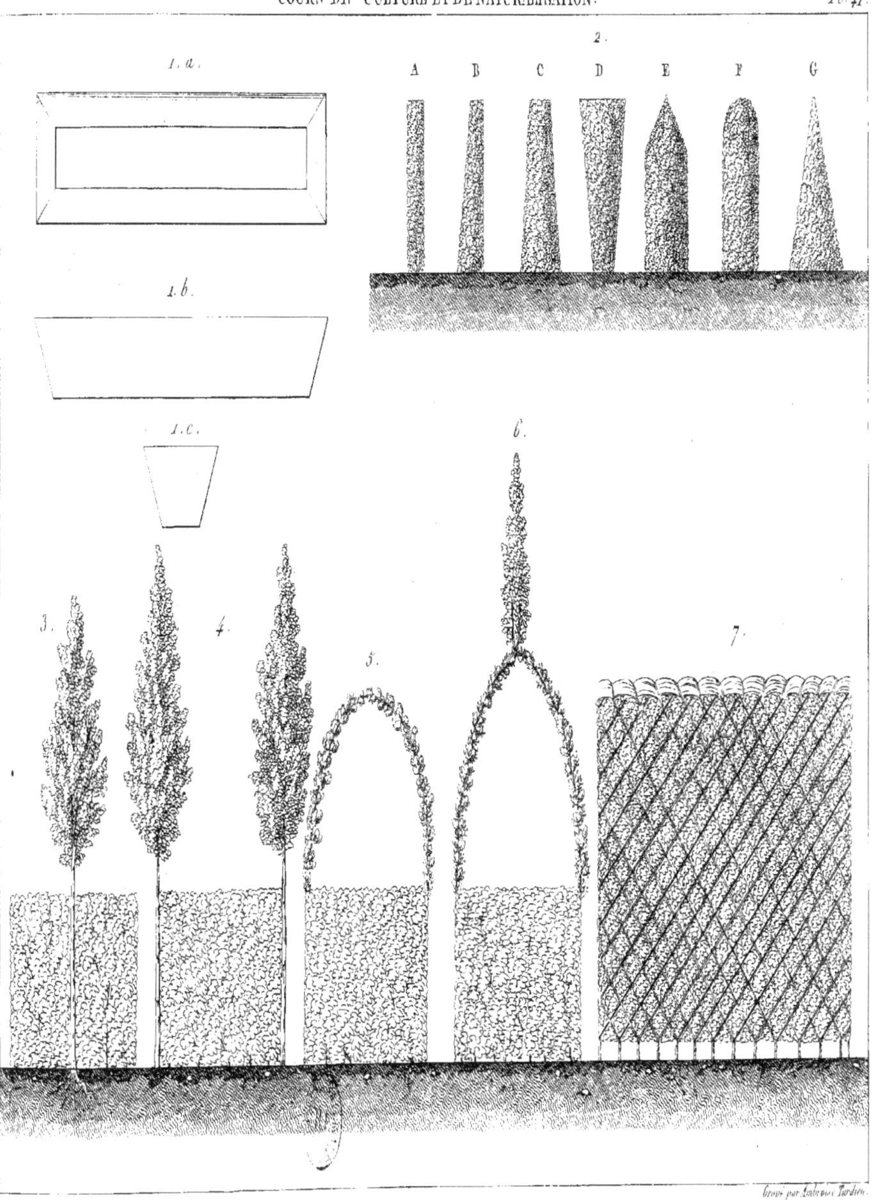
1.a.
2.
A B C D E F G
1.b.
1.c.
6.
3.
4.
5.
7.
Gravé par Aubrun et Tardieu.

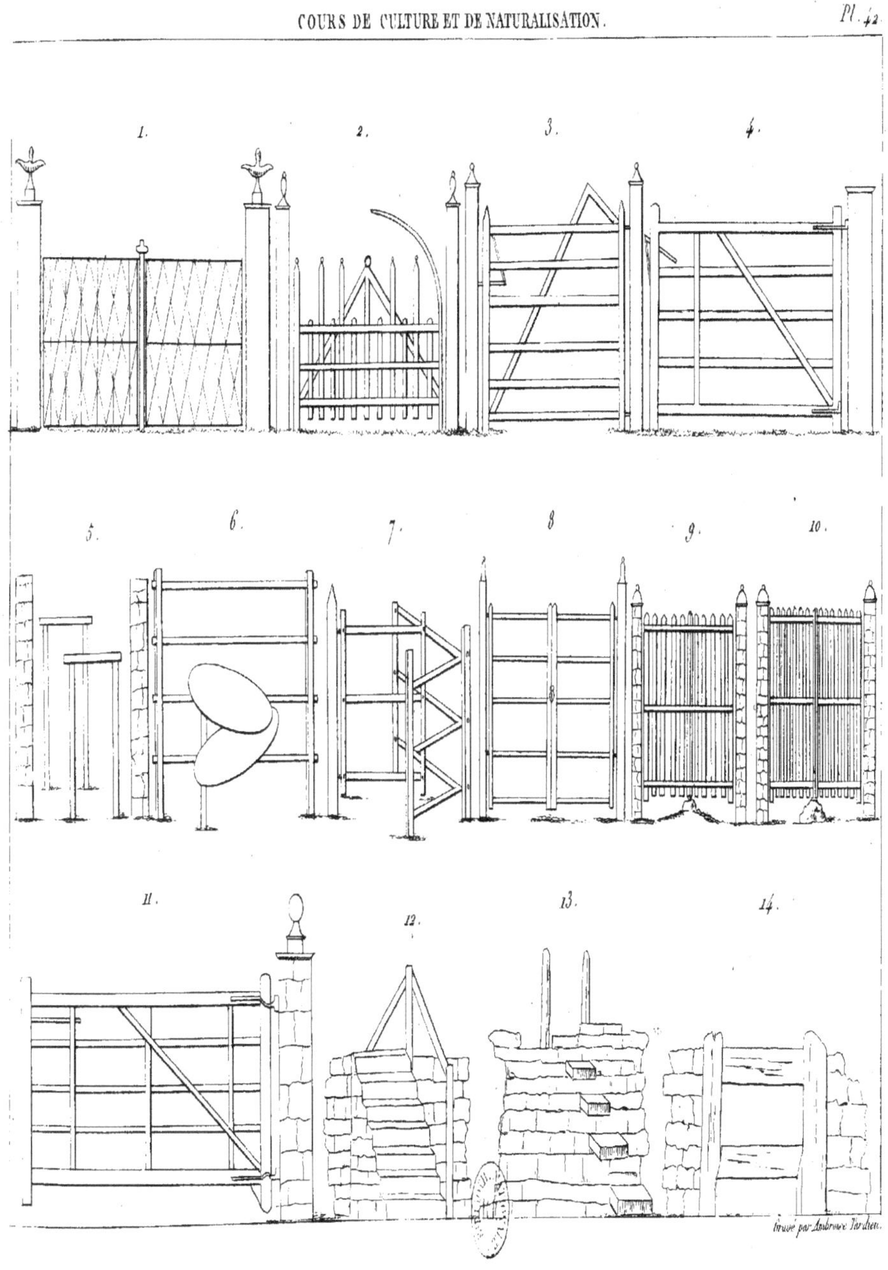

Gravé par Ambroise Tardieu.

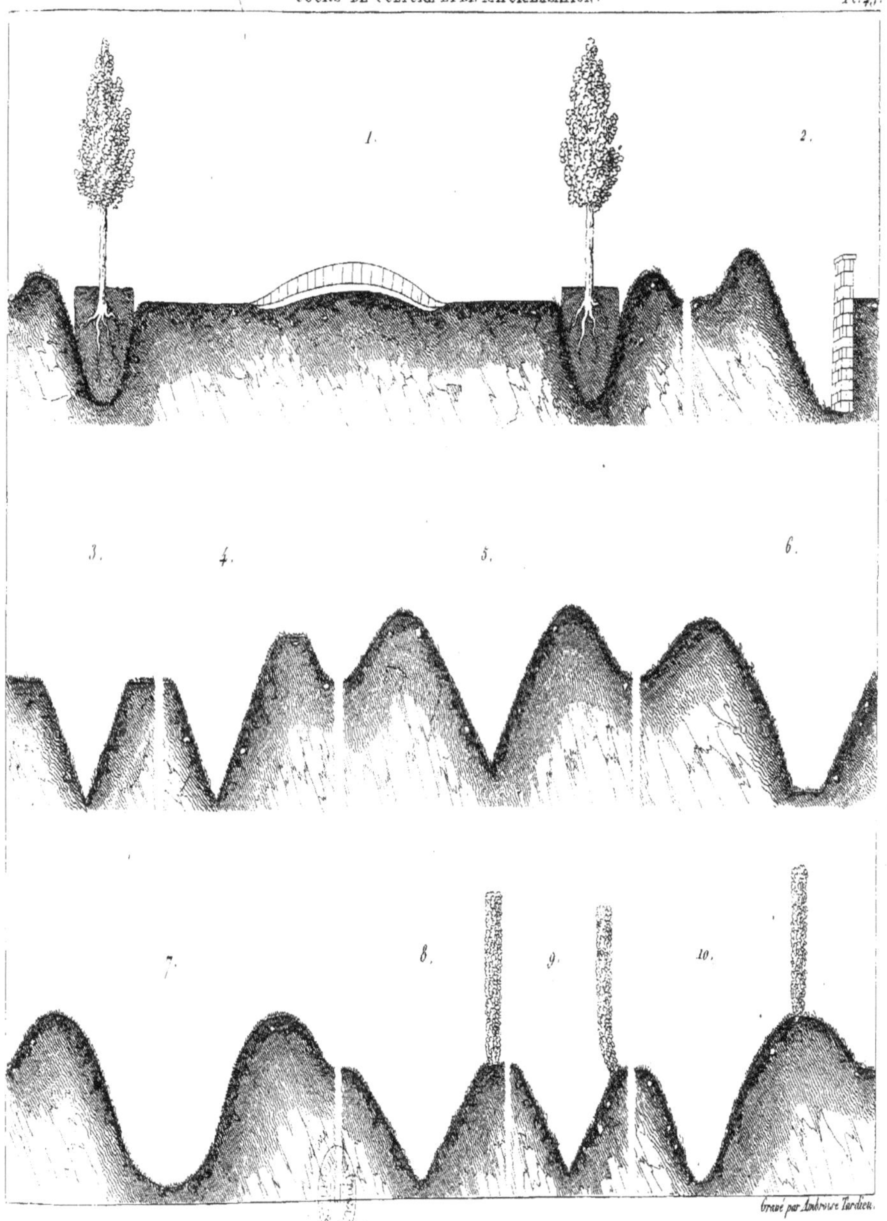
1.
2.
3.
4.
5.
6.
7.
8.
9.
10.
Gravé par Ambroise Tardieu.

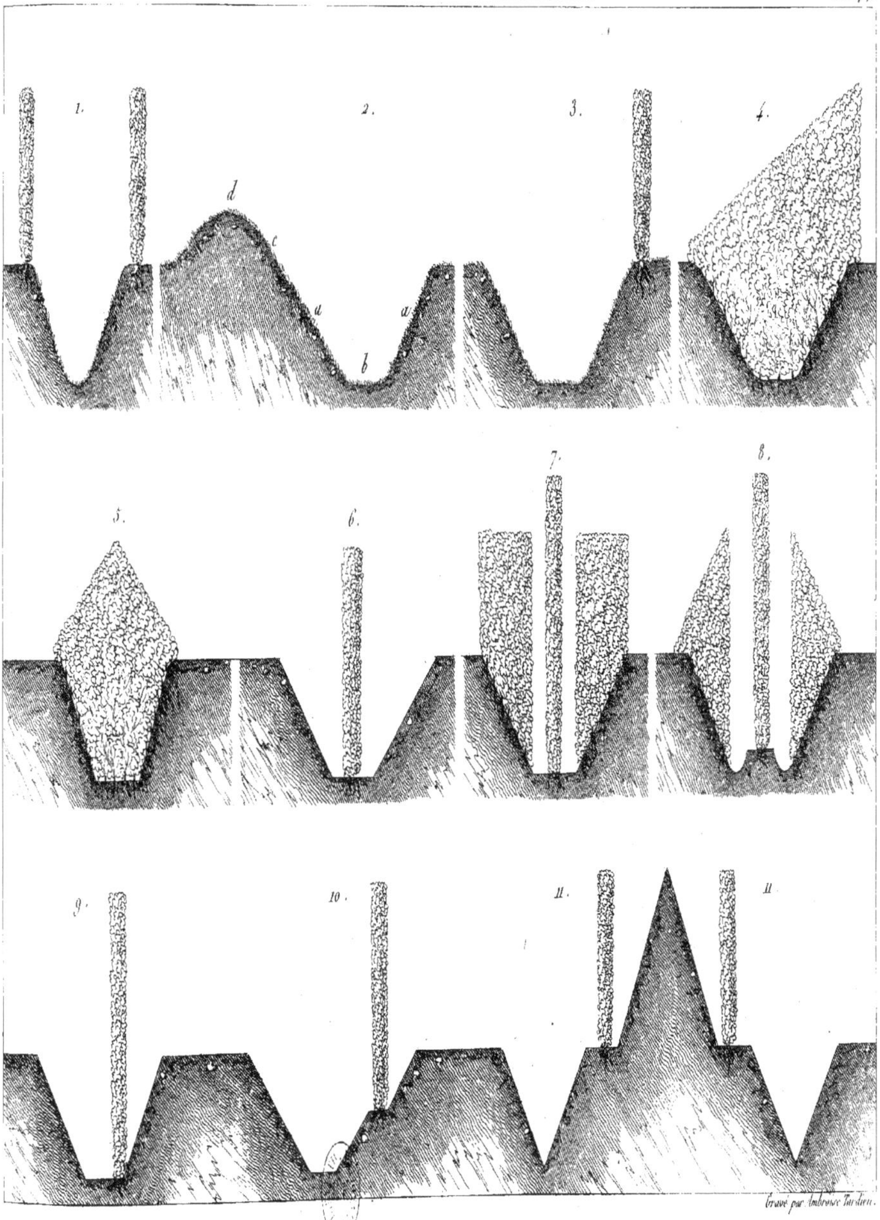

Gravé par Ambroise Tardieu.

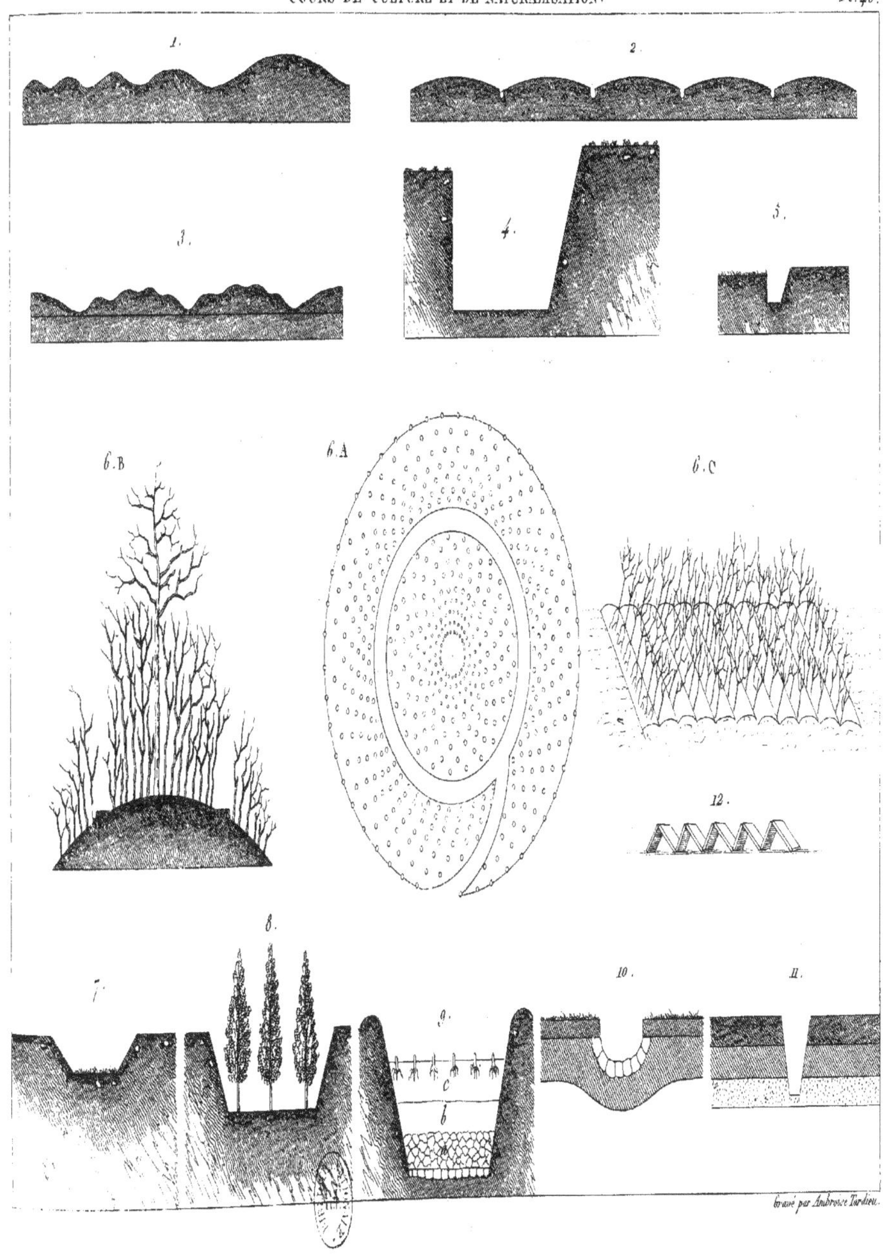

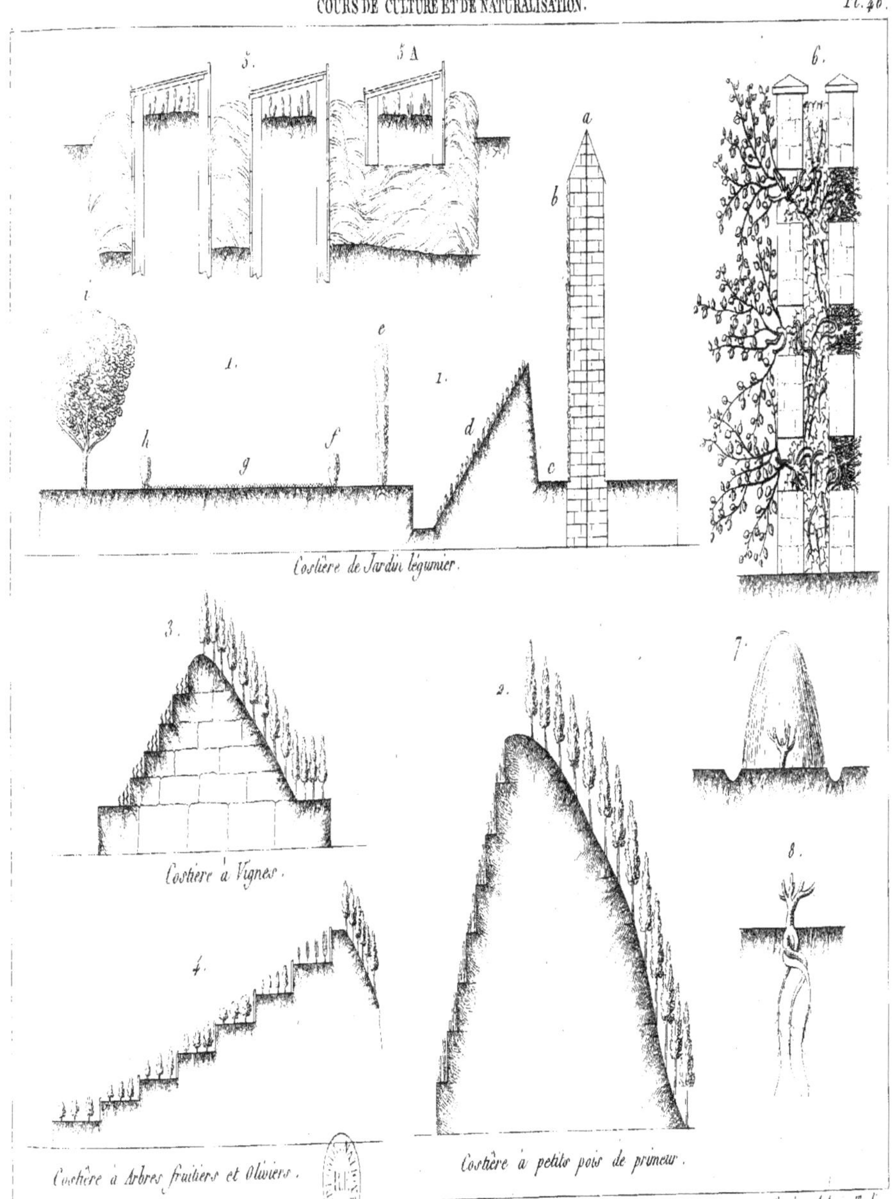

Costière de Jardin légumier.

Costière à Vignes.

Costière à Arbres fruitiers et Oliviers.

Costière à petits pois de primeur.

Gravé par Ambroise Tardieu.

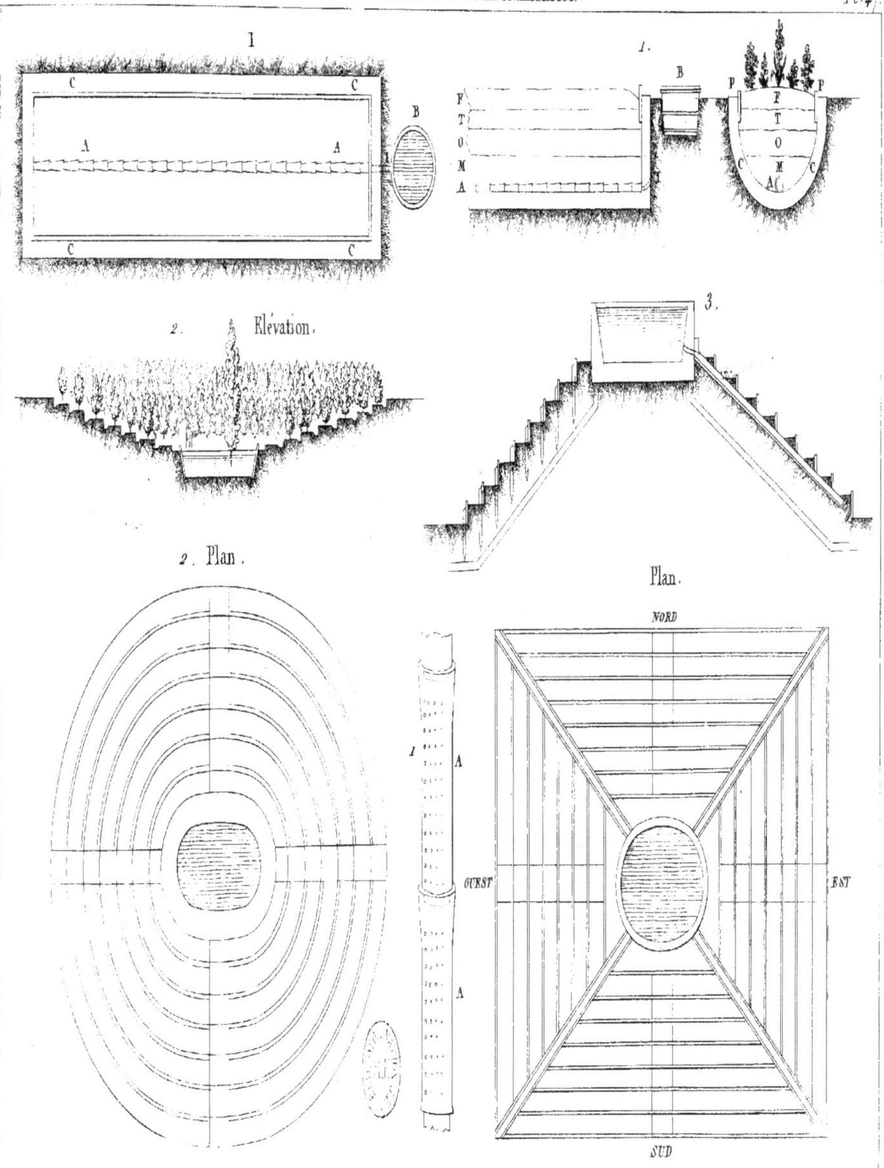
1
C   C
A   A
B
C   C

1.
B
F
T
O
M
A
P   P
F
T
O
M
C   C
M
A

2. Élévation.

3.

2. Plan.

Plan.

NORD
OUEST   EST
SUD

1
A
A

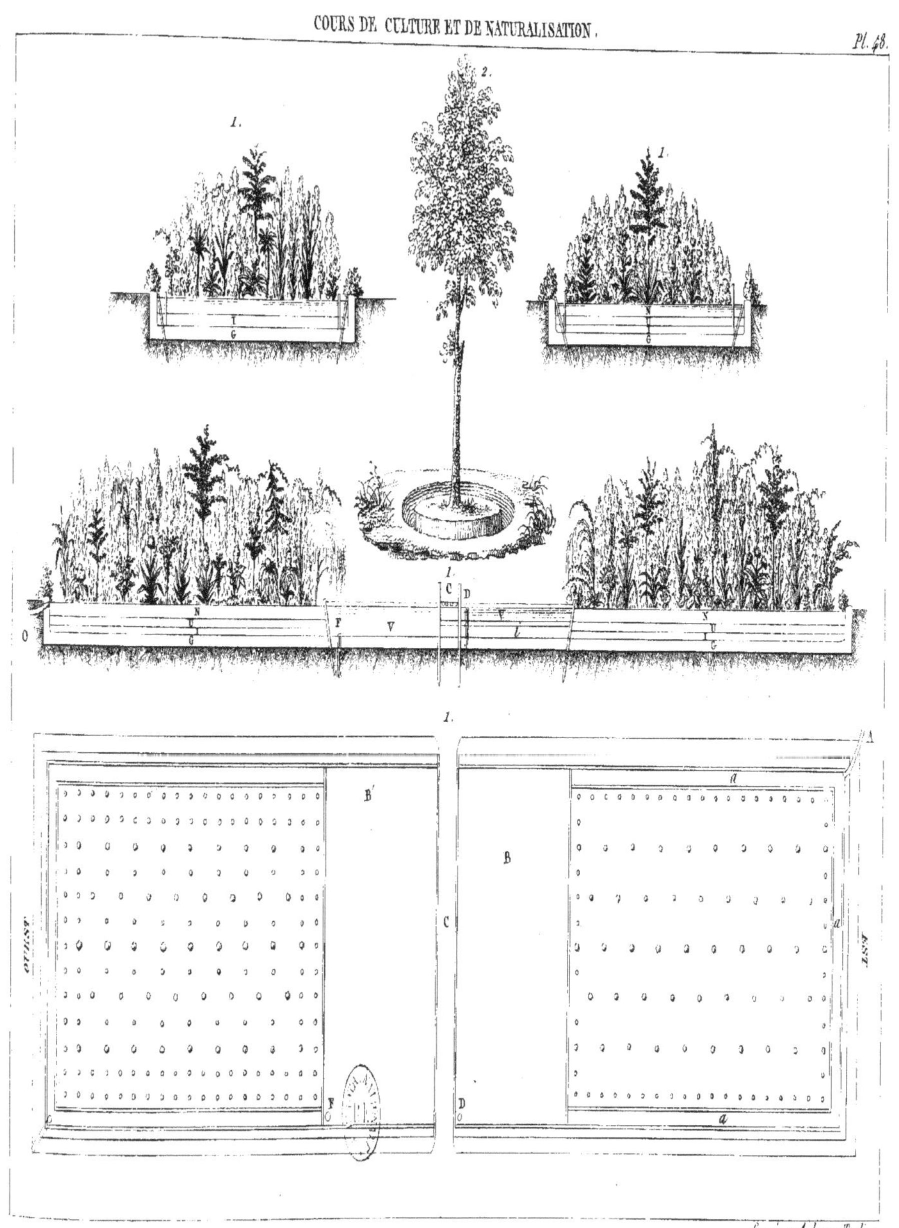
2.
1.
1.
C
D
N
G
O
F
V
V
l
N
G
1.
B'
A
B
C
a
a
D
a
OUEST
EST
F
D

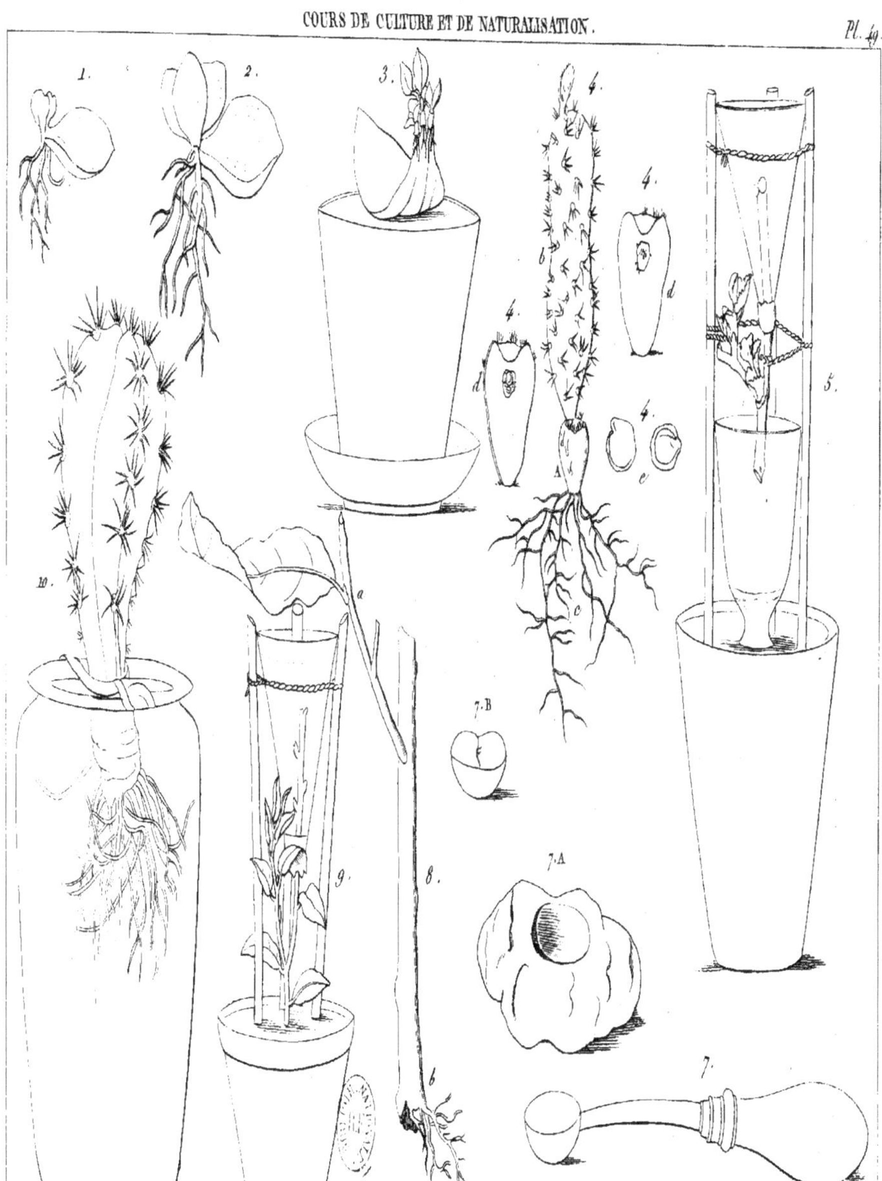

gravé par Ambroise Tardieu.

Gravé par Ambroise Tardieu.

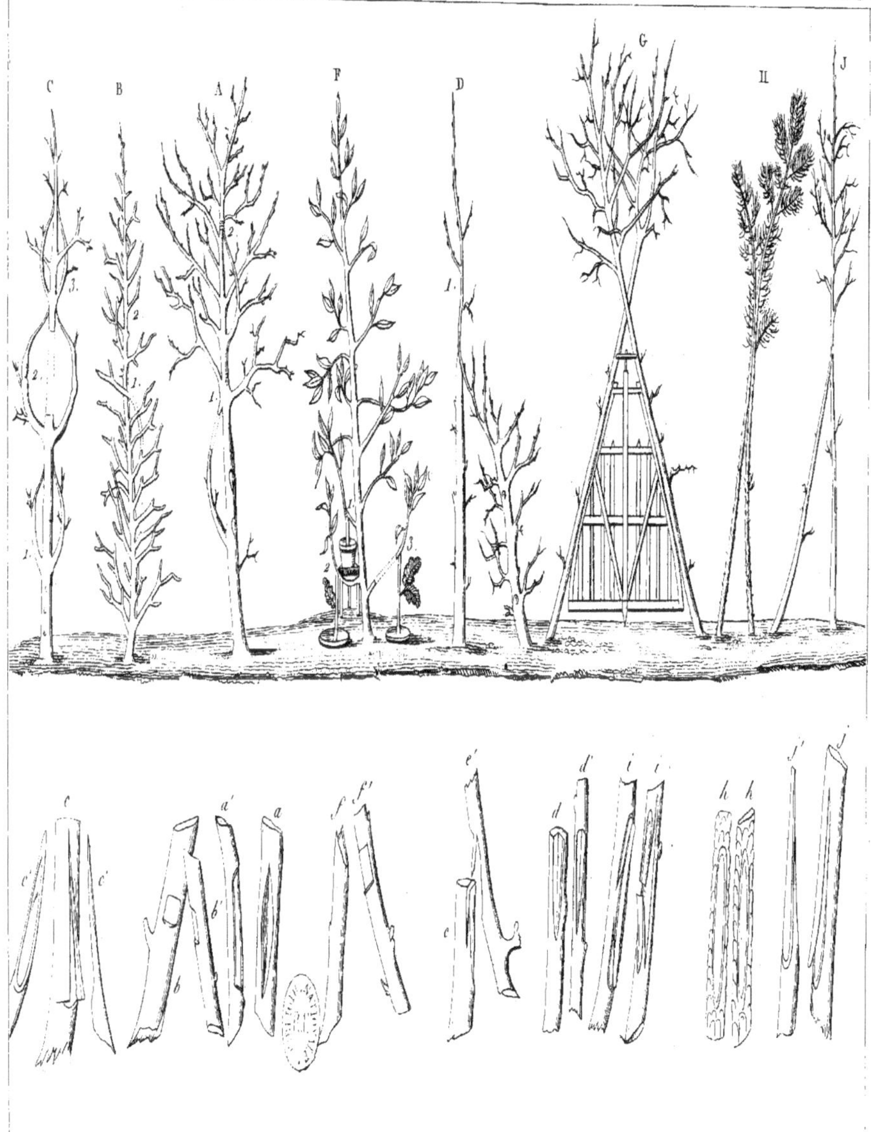

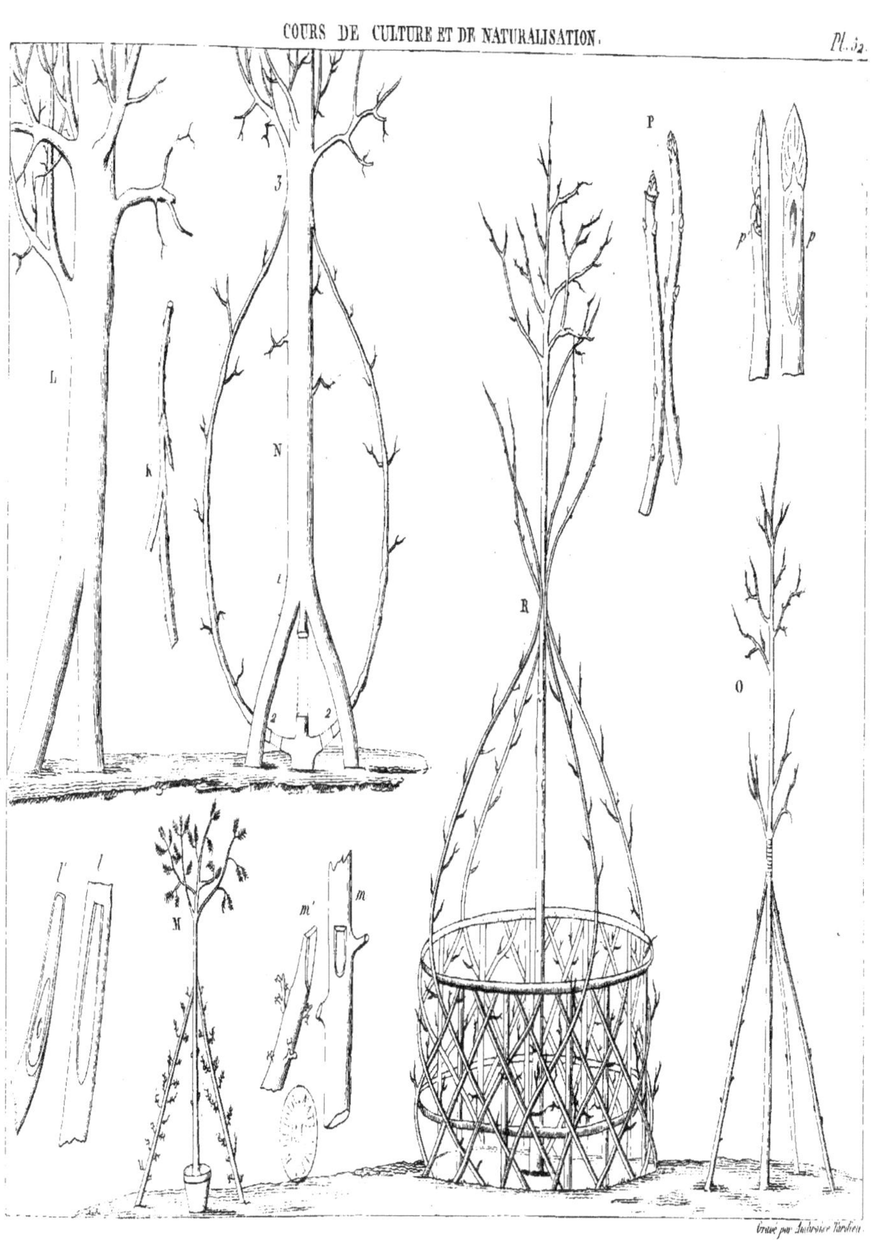

Gravé par Ambroise Tardieu.

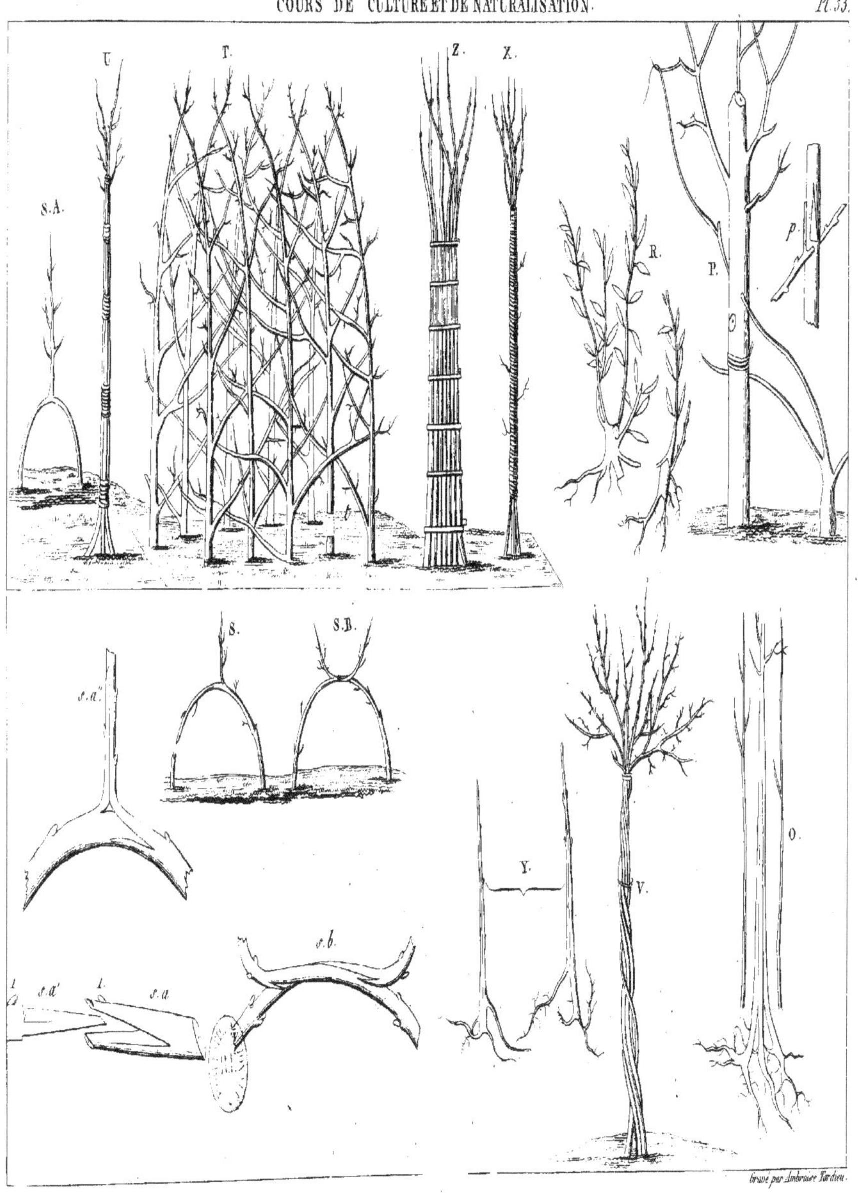
S.A.
U.
T.
Z.
X.
R.
P.
P.
P.
S.
S.B.
s.a"
s.a'
s.a
s.b
Y.
V.
O.
Gravé par Ambroise Tardieu.

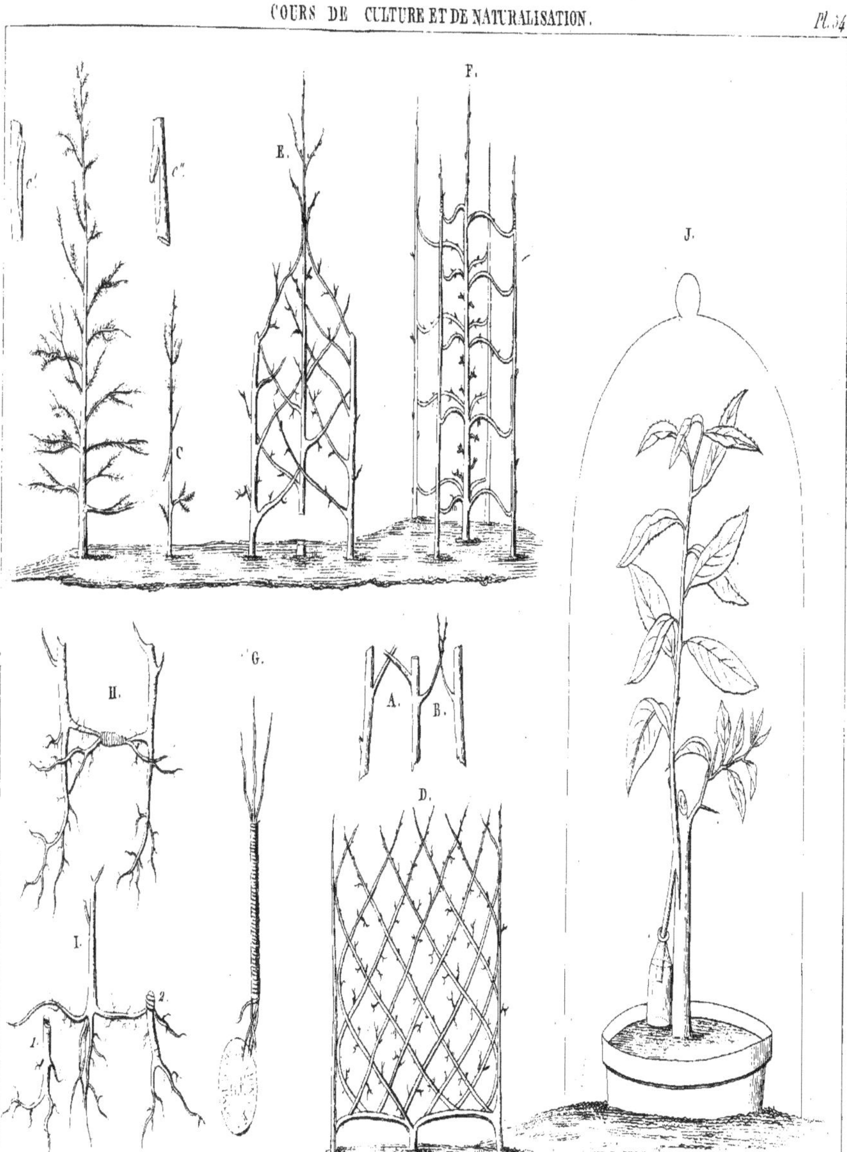

Gravé par Ambroise Tardieu.

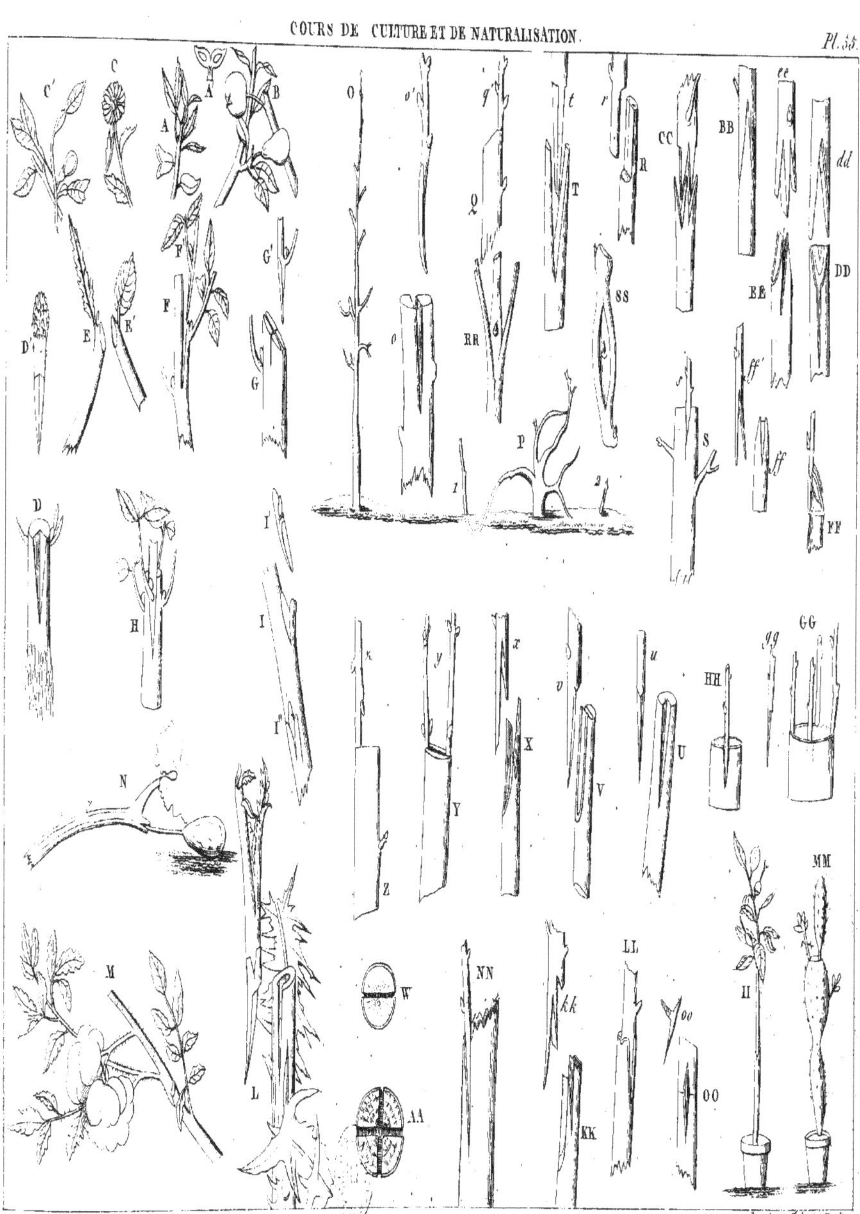

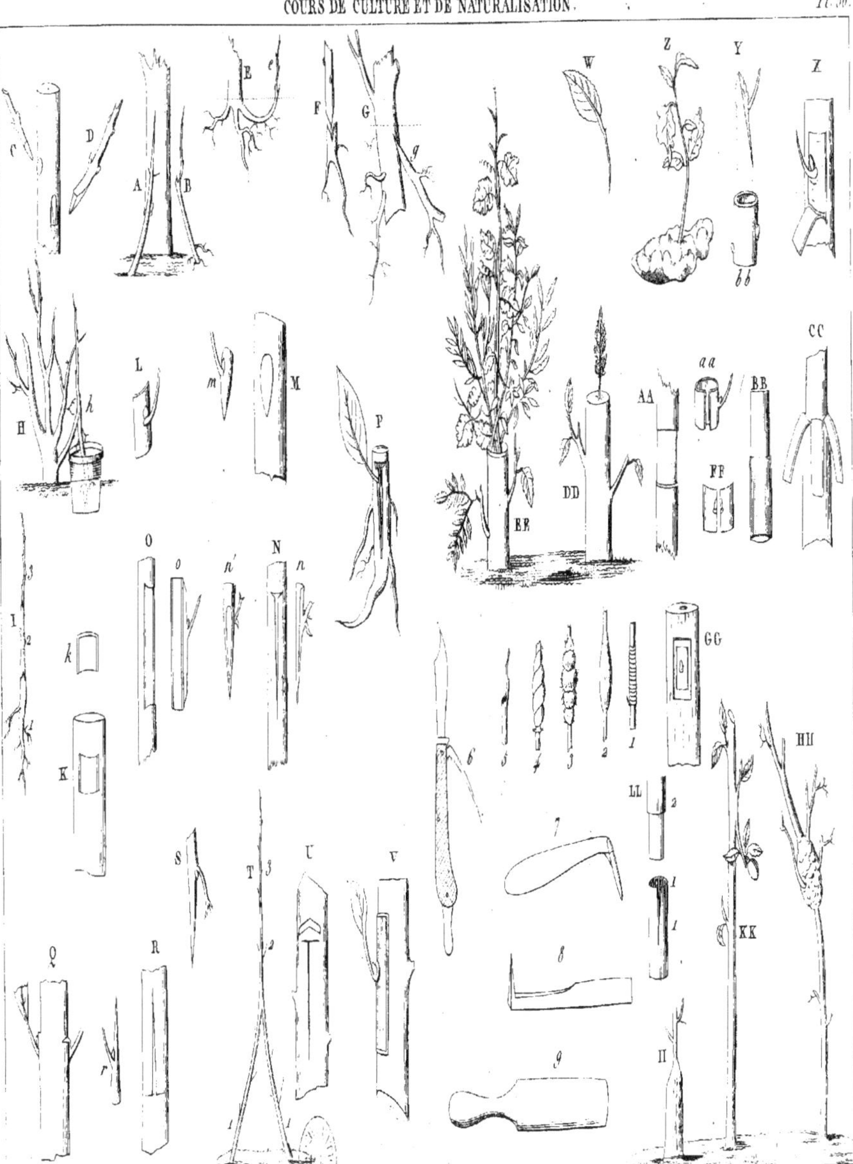

Gravé par Ambroise Tardieu.

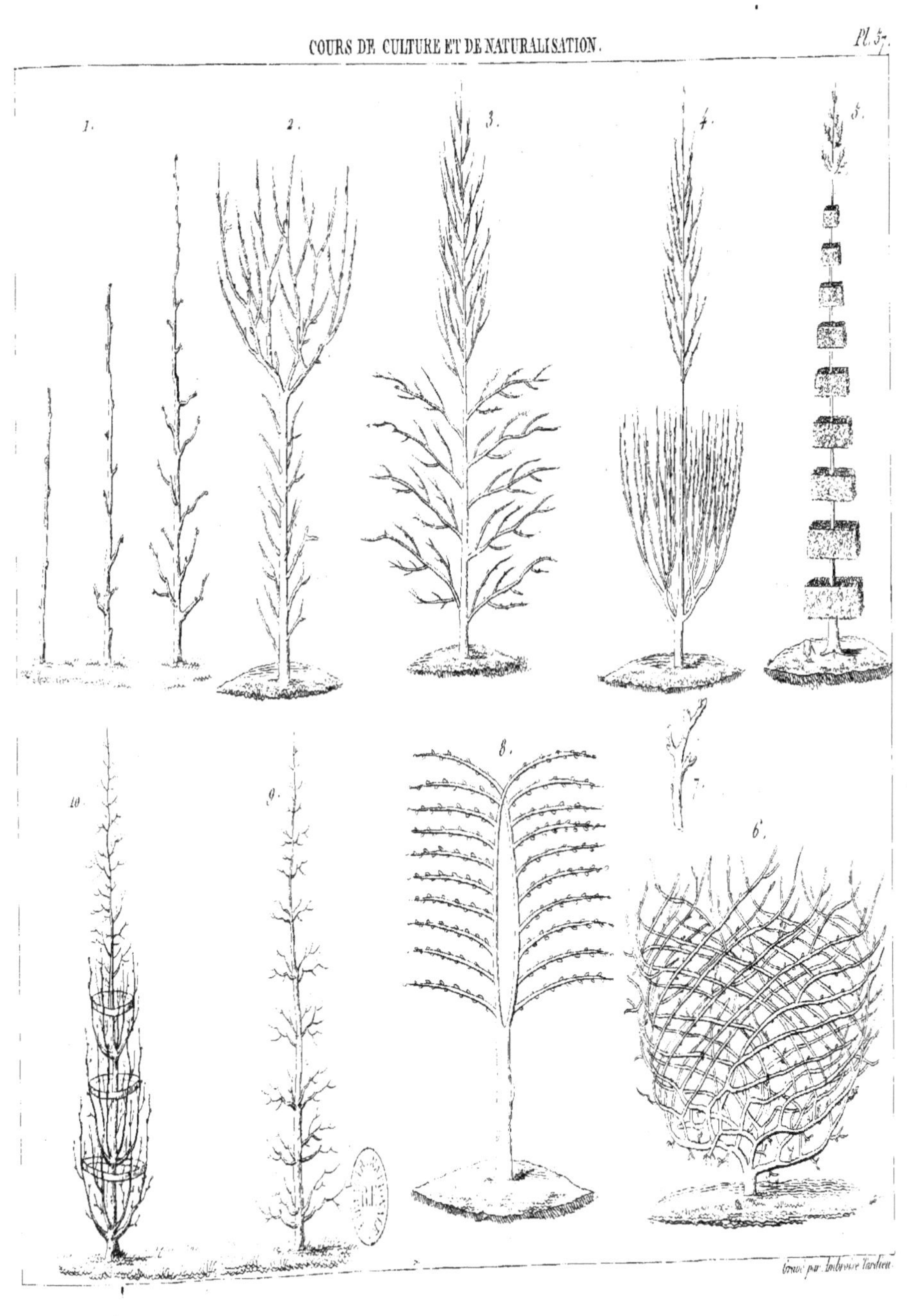

Gravé par Ambroise Tardieu.

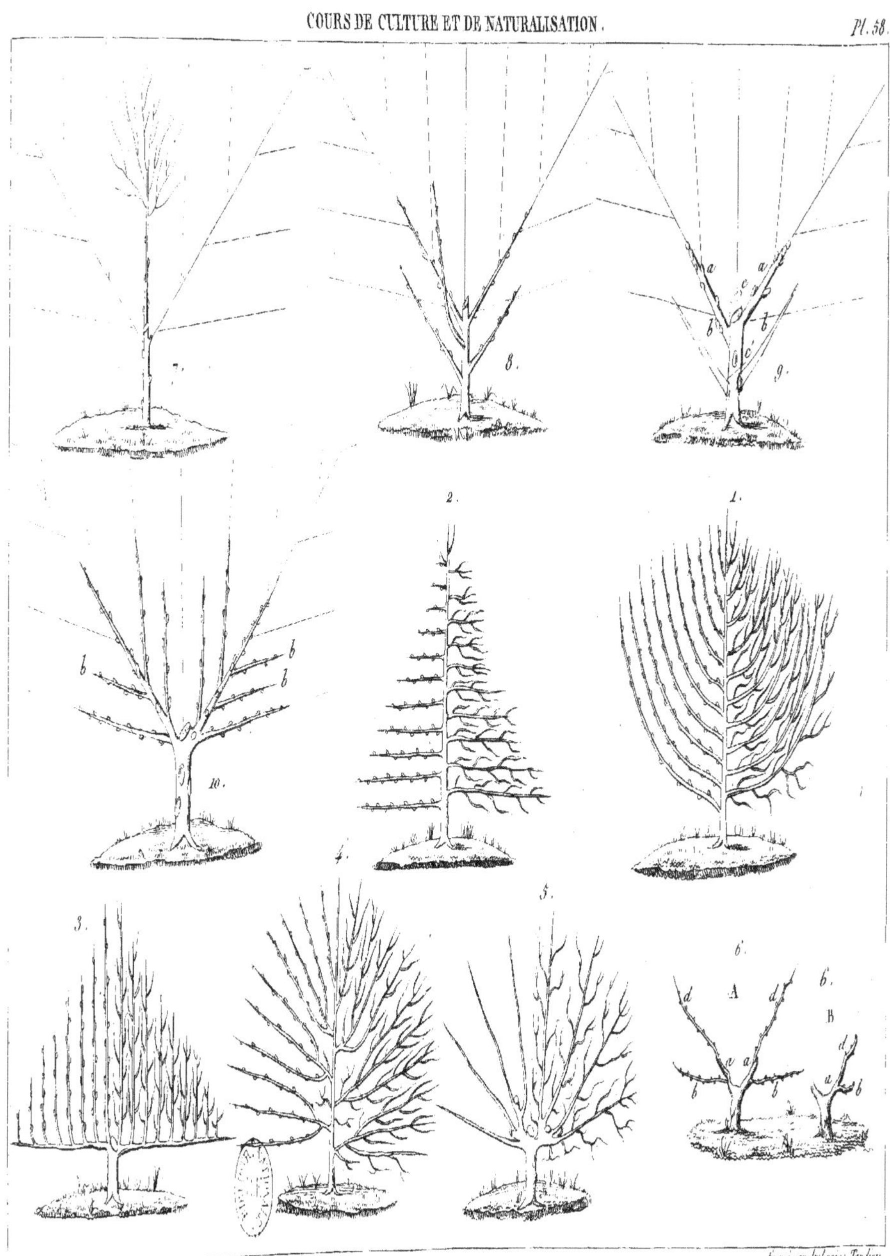

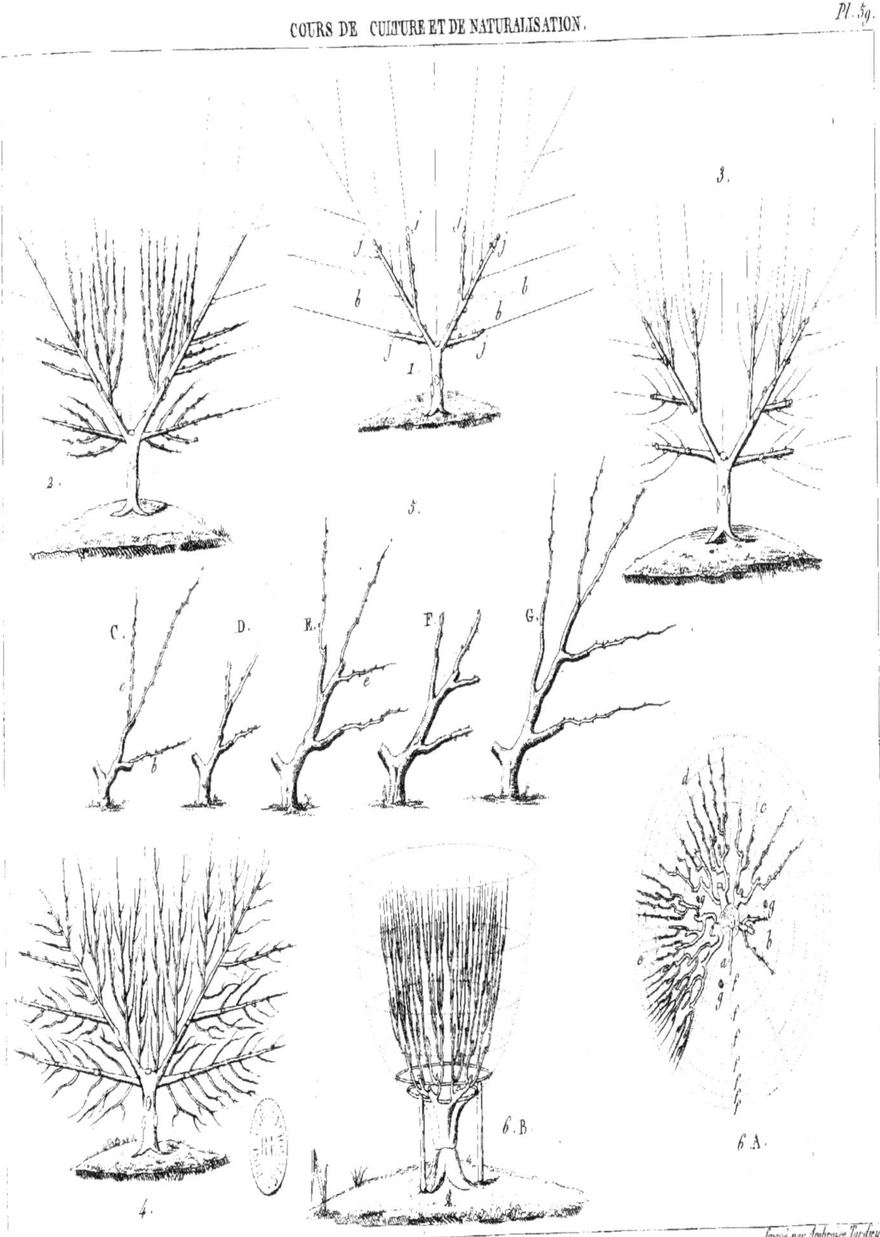

Gravé par Ambroise Tardieu.

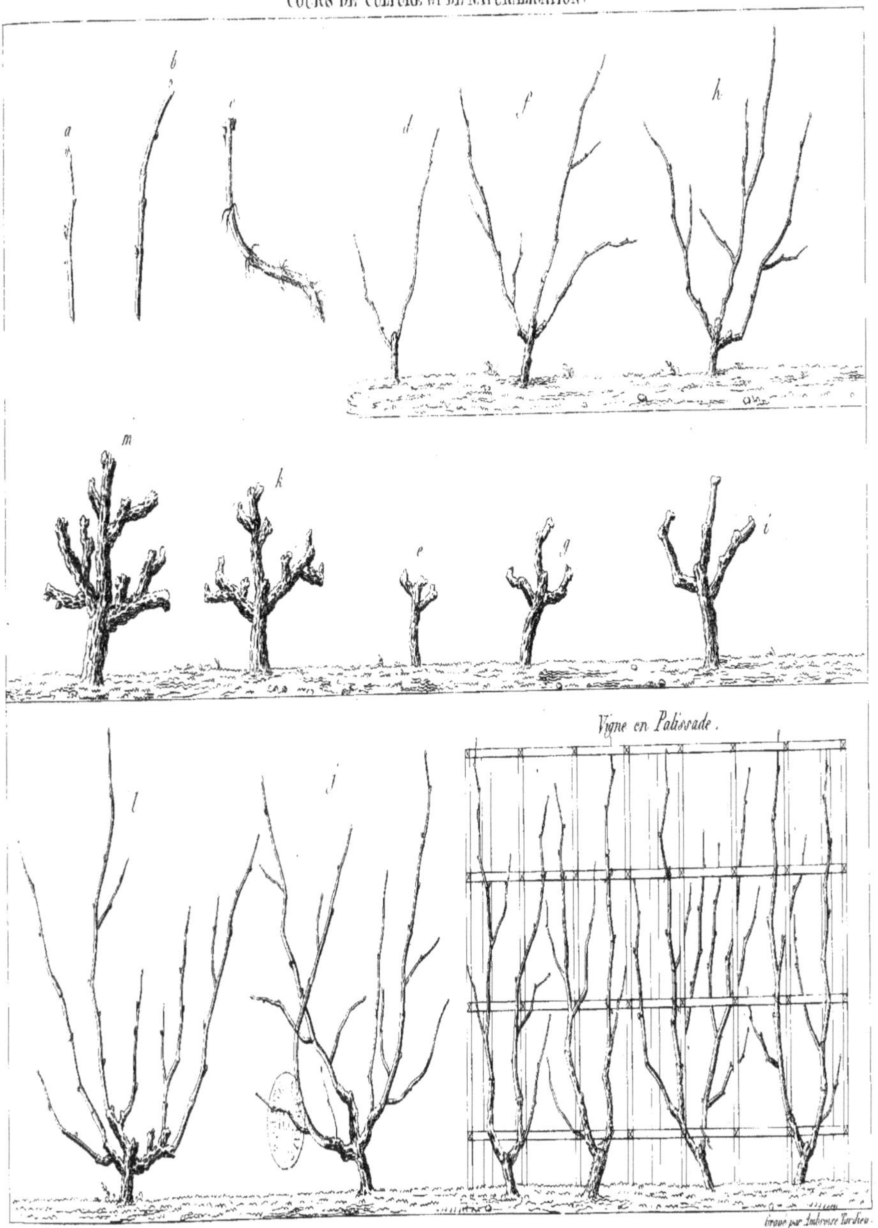

a
b
c
d
f
h
m
k
e
g
i
l
j
Vigne en Palissade.
Gravé par Ambroise Tardieu.

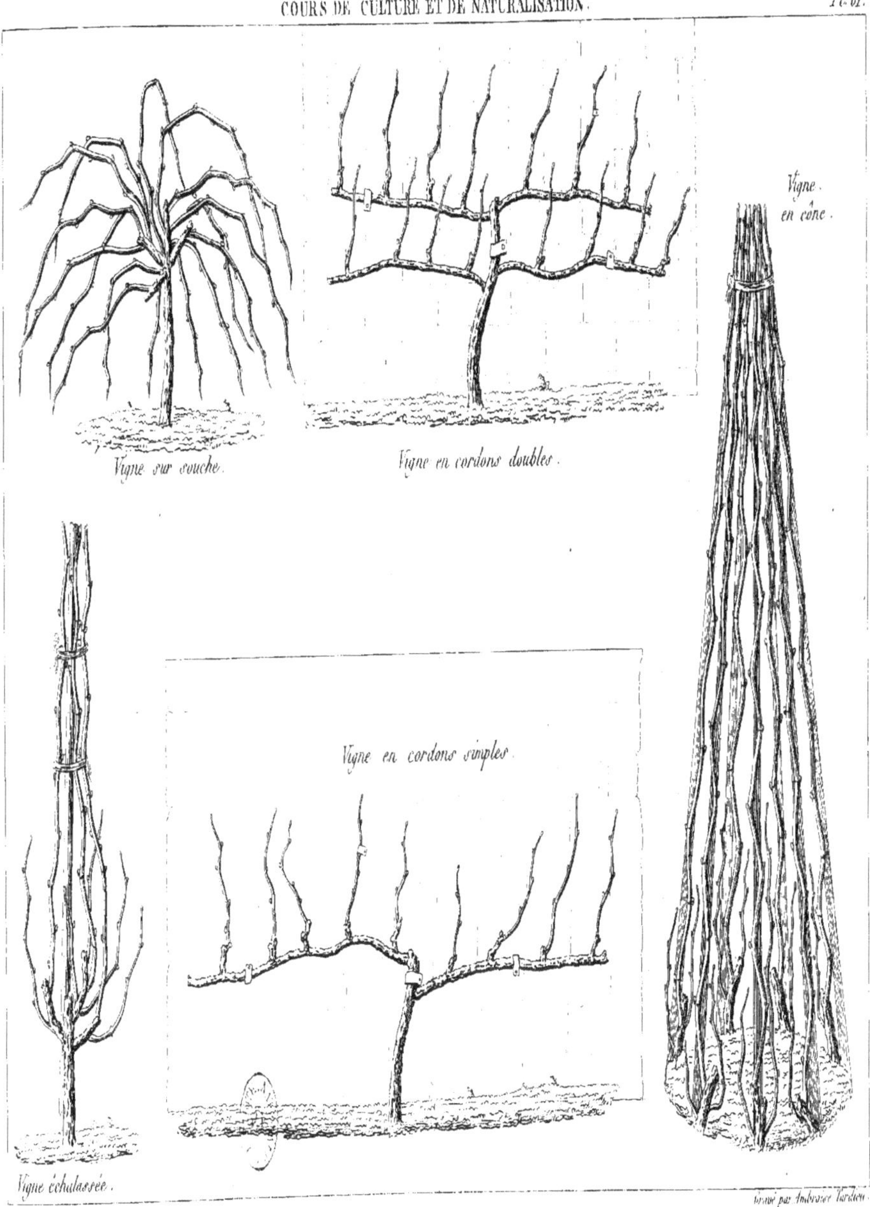
Vigne
en cône.
Vigne sur souche.
Vigne en cordons doubles.
Vigne en cordons simples.
Vigne échalassée.

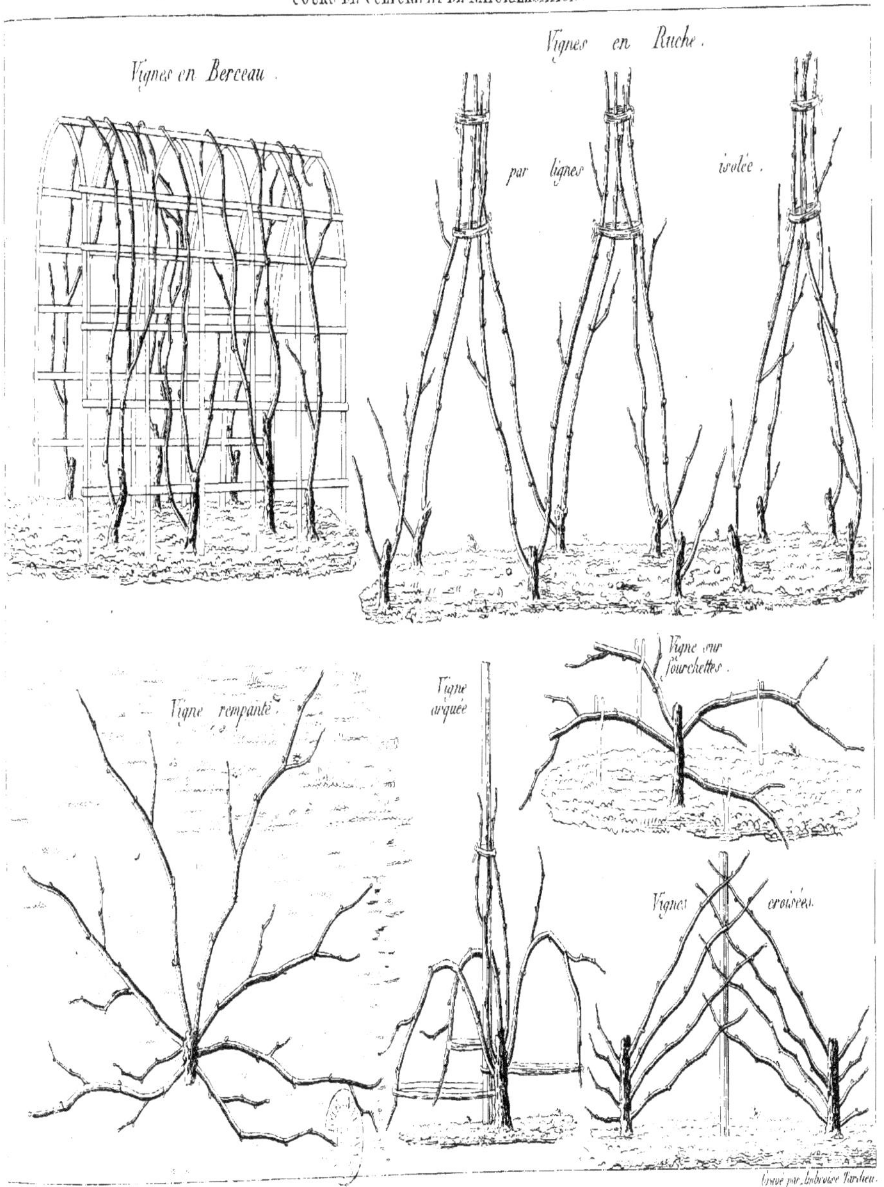
Vignes en Berceau.
Vignes en Ruche.
par lignes
isolée.
Vigne rampante.
Vigne arquée.
Vigne sur fourchettes.
Vignes croisées.
Gravé par Ambroise Tardieu.

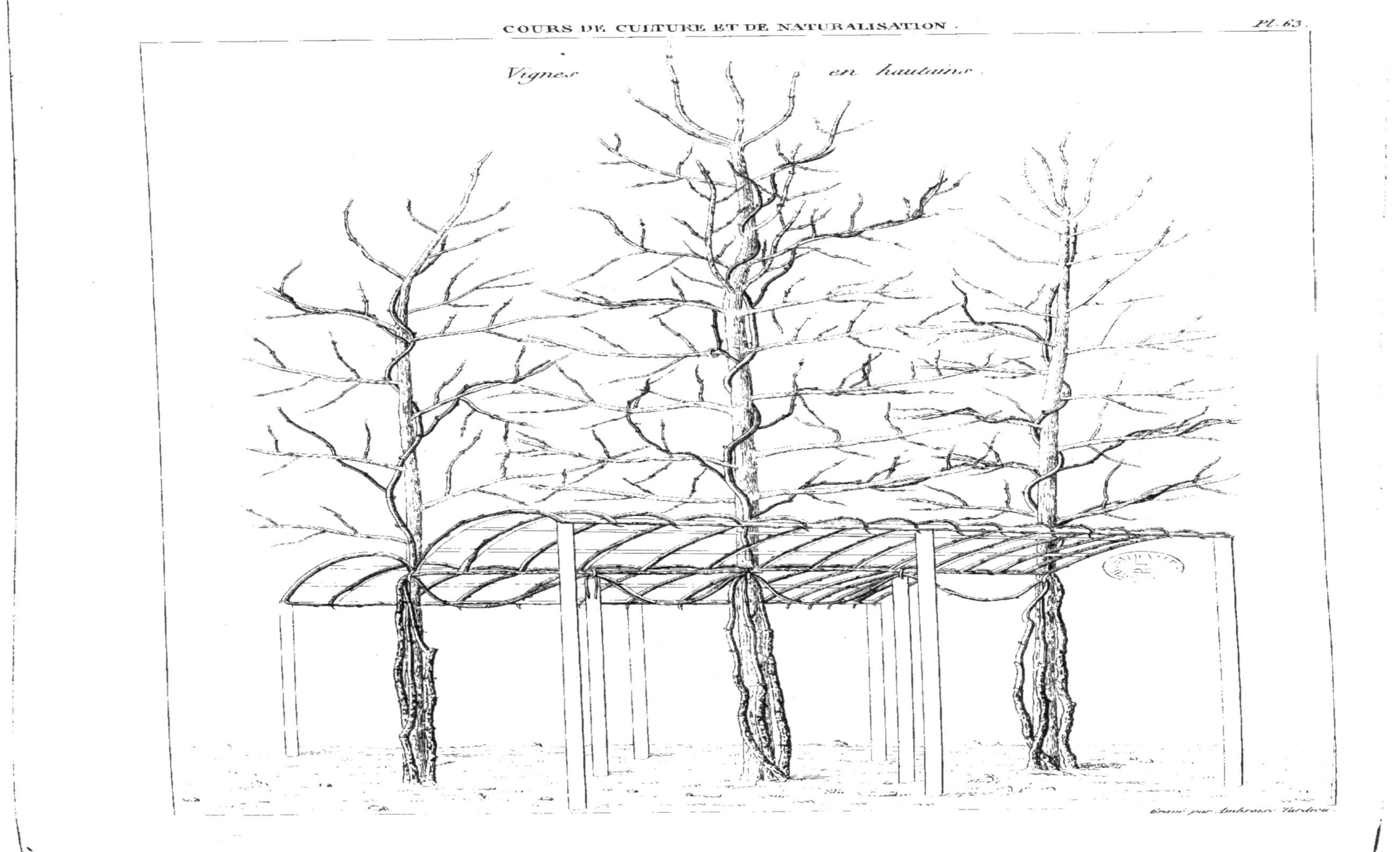

COURS DE CULTURE ET DE NATURALISATION.
Pl. 63.
Vignes en hautains.
Gravé par Ambroise Tardieu.

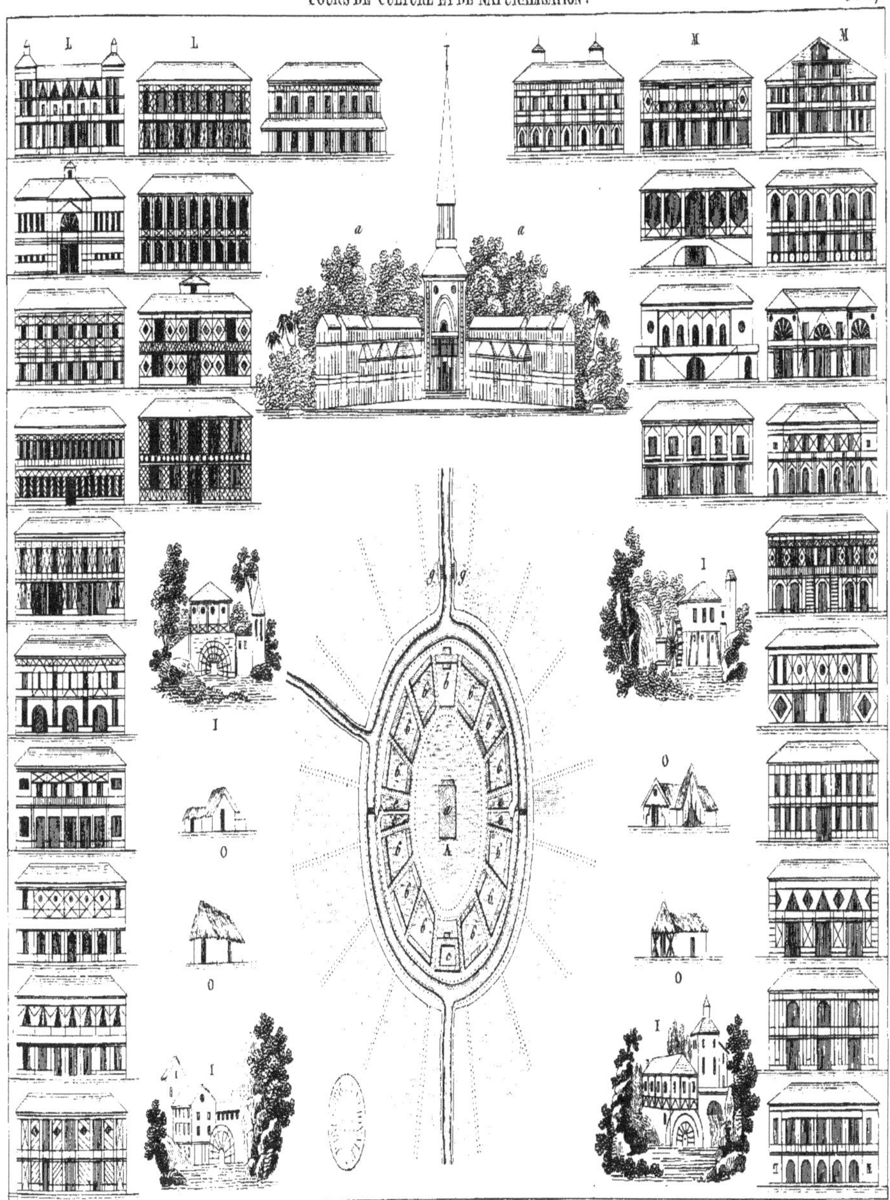
L
L
M
M
a
a
I
I
O
O
I
O
O
I